Ekkehard II.
Markgraf von Landsberg

Die Autoren

GOTTFRIED SEHMSDORF wurde 1943 in Soldin (heute Myślibórz, Polen) geboren. Er verbrachte seine Kindheit in Dahme/Mark und Potsdam. Nach dem Besuch der Oberschule und dem Kirchlichen Oberseminar schloss sich die Hochschulausbildung zum Diplom-Theologen an. Bis 1989 war er im Pfarrdienst tätig. Ab 1990 gehörte Sehmsdorf der Landkreisverwaltung des Saalkreises an. Er war als Dezernent der Sozialverwaltung tätig, wurde zum Kreisverwaltungsdirektor berufen und 2003 in den Ruhestand verabschiedet. Seit Jahrzehnten sucht er als Heimatforscher die Zusammenhänge zwischen territorialer Geschichte und mittelalterlicher Überlieferung zu erklären.

Von 1982 bis 1989 wohnte Sehmsdorf in Landsberg. Hier galt seine Aufmerksamkeit der Doppelkapelle, einem Bauwerk von besonderer Bedeutung. Dazu erschienen: „Die Doppelkapelle auf der Burg Landsberg" von Gottfried Sehmsdorf und Gunter George (1989) sowie „Die Doppelkapelle in Landsberg" von Gottfried Sehmsdorf (1993).

DR. KATJA MÜNCHOW ist promovierte Historikerin.

Sie studierte 1981 bis 1986 an der Universität Leipzig und erwarb hier 1991 den Doktorgrad. Seither widmete sie sich verschiedenen historischen Gegenständen, insbesondere der Genealogie, der Bildungsgeschichte und der Regionalgeschichte. Ihre Rechercheergebnisse veröffentlichte sie in mehr als 40 Publikationen.

Dr. Münchow ist Mitinitiatorin des Heimat- und Geschichtsvereins Brehna e.V. und leitet diesen Verein seit seiner Gründung im Jahre 1997. Sie engagiert sich für die Bewahrung und Verbreitung historischen Wissens über Brehna und Umgebung und widmet sich der Erforschung der Orts- und Regionalgeschichte. Ein Schwerpunkt ihrer Arbeit ist die Beschäftigung mit der Geschichte der „frühen Wettiner" im Raum zwischen Brehna, Delitzsch, Landsberg, Petersberg, Wettin und Zörbig.

Mit freundlicher Unterstützung der
„Vereinigten Domstifter zu Merseburg und Naumburg
und des Kollegiatstifts Zeitz"

GOTTFRIED SEHMSDORF
KATJA MÜNCHOW

Ekkehard II.
Markgraf von Landsberg

*Der Aufstieg der Wettiner –
eine Geschichte
von Schuld und Sühne*

Dingsda-Verlag

Herausgeber:
Stadt Landsberg, Museum „Bernhard Brühl"

Dingsda-Verlag, Leipzig 2008
Chopinstraße 11a, 04103 Leipzig
www.dingsda-verlag.com
Titelbild: Ekkehard und Uta, Stifterfiguren im Naumburger Dom
Einbandrückseite: Doppelkapelle Landsberg
Fotonachweis:
Gunter George: Seiten 6, 33 und 58
Harald Münchow: Titelbild sowie Seiten 81–83, 85 f.
Katja Münchow: Einbandrückseite sowie Seiten 24 f., 32, 39, 47, 51, 53 f., 56, 69
Museum Landsberg: Seiten 21, 34, 45 und 50
Einband und Typografie: Klaus Nitsch, Halle
Druck: Druckerei Teichmann, Halle-Bruckdorf
ISBN 978-3-928498-35-7

Inhalt

Doppelkapelle Landsberg.

Geleitwort

Weithin sichtbar steht auf dem Kapellenberg in Landsberg eine romanische Doppelkapelle. Sie ist der letzte Zeuge einer mächtigen Burg, von der aus einst der Markgraf der Ostmark und der Mark Lausitz das Land zwischen Saale und Oder regierte. Jährlich kommen Tausende Gäste nach Landsberg, um dieses nahezu einzigartige romanische Baudenkmal zu bewundern und sich über die Geschichte der Burg und der Stadt Landsberg zu informieren. Uns Landsbergern erwächst daraus die schöne Pflicht und Aufgabe, das Bauwerk zu erhalten und seine kunsthistorische Bedeutung aber auch die wechselvolle Historie dieses Ortes für unsere Besucher nachvollziehbar und erlebbar werden zu lassen. Nachdem das von Gottfried Sehmsdorf und Gunter George vor nahezu zwanzig Jahren herausgegebene Buch „Die Doppelkapelle auf der Burg Landsberg" inzwischen längst vergriffen ist, freuen wir uns, unseren Besuchern – neben unserem Angebot an Ausstellungen, thematischen Veranstaltungen und fachkundigen Führungen – nun wieder ein Buch anbieten zu können, in dem sie Daten und Zusammenhänge zur Geschichte der Burg und der Stadt Landsberg nachlesen und vertiefen können.

Als Bürgermeister der Stadt Landsberg wünsche ich den Lesern dieses Buches viele neue Erkenntnisse und vor allem viel Freude bei der Auseinandersetzung mit ungewohnten und überraschenden Sichtweisen.

OLAF HEINRICH, Bürgermeister der Stadt Landsberg

7

Vorwort

Der interessierte Besucher der Kapelle ist erstaunt und überrascht, an diesem unbedeutenden Ort ein so einmaliges Bauwerk vorzufinden. In ihren reichen Schmuckformen wird sie von den Fachleuten mit den kaiserlichen Kapellen in Nürnberg und Eger gleichgesetzt, ja sogar noch vorangestellt.

Wer war der Bauherr, der wagen durfte, es den Kaisern gleichzutun? Welch geschichtlicher Hintergrund ermöglichte solch Kleinod der Romanik? Bisher lautete die Antwort: ein zweitrangiger Markgraf aus dem Hause Wettin habe in seinem Eigengut die neue Residenzburg errichten lassen und mittendrin die Doppelkapelle. Nach der Vollendung der Burg habe er dann den Titel eines Markgrafen von Landsberg angenommen, obgleich er doch der Markgraf der Lausitz war.

An den wenigen Aussagen wird erkennbar, dass die Forschung in Landsberg weit über den Ort und seine eigentliche Geschichte hinausgreifen muss. Hier ist Ortsgeschichte zugleich Territorialgeschichte und letztlich Reichsgeschichte des Mittelalters.

Man möchte annehmen, dass dieser historische Ort in seinen geschichtlichen Bezügen seit langem aufgearbeitet und beschrieben ist. Doch wer den Problemen zur Geschichte Landsbergs nachgeht, merkt bald, dass die eigentlichen Fragen kaum geklärt und nur vordergründig beantwortet sind.

Dafür gibt es viele Ursachen, die zum Teil in der geschichtlichen Entwicklung des Ortes selbst gesucht werden müssen, aber auch tiefe Wurzeln im „Geschichtsbild" des Hauses Wettin haben. Einer der Gründe liegt sicherlich darin, dass Landsberg nach 1815 an den preußischen Staat fiel und somit das Interesse der „heimatländischen" Geschichtsforschung im Königreich Sachsen vor den Toren Landsbergs ein Ende nahm. Der Ort, der ursprünglich zum Kulturraum Leipzig gehörte, geriet der Forschung weitgehend aus dem Blickfeld.

Die einzige wissenschaftliche Monografie zu Landsberg entstand 1918 in Berlin und war in ihrer Tendenz die Darstellung eines Teilgebietes der Geschichte der Markgrafen von Brandenburg, die sich nach 1291 auch Markgrafen von Landsberg nennen. Ansonsten wird die Geschichte der

Markgrafen von Landsberg nur beiläufig behandelt. Wäre da nicht das Interesse der Kunsthistoriker, über die Geschichte Landsbergs wäre längst Gras gewachsen.

Der Atem der Geschichte, der diesen kleinen Ort mehr geprägt hat, als die winkligen Straßen und Gassen ahnen lassen, regte immer wieder Menschen an, den Spuren nachzugehen und die Geschichte des Ortes zu erkunden.

Erstmalig im großen Stil hat der Arzt Dr. Rolf Kutscher alles zusammengetragen und erkundet, was auch nur am Rande mit der Geschichte des Ortes zu tun haben konnte. Durch seinen Vater und gute Freunde ermuntert, hat er über viele Jahre die Geschichte erforscht und sich um Wissenschaftlichkeit der Methoden bemüht. Dabei stieß er auf manches Rätsel, ohne schon eine Lösung anbieten zu können. Aber gerade im Nennen dieser ungeklärten Probleme hat er den Boden bereitet für eine ganz neue Sicht der Dinge. Sein früher Tod hat ihn aus der Arbeit gerissen, so dass manche Fragen ohne Antwort bleiben mussten. Was in diesem Heft als Forschungsergebnis der letzten fünf Jahre vorgelegt wird, gründet auf den langjährigen Forschungen Dr. Rolf Kutschers, und bemüht sich um eine neue Sicht der Dinge. […]

2008

Es ist nahezu zwanzig Jahre her, dass ich diese Zeilen im Vorwort zu dem von mir mit Unterstützung Gunter Georges herausgegebenen Buch „Die Doppelkapelle auf der Burg Landsberg" schrieb. Das Thema hat mich nicht losgelassen. Noch immer treiben mich die Rätsel um, die sich hinter den doch so realen und scheinbar für jedermann offenbaren Mauern der Landsberger Doppelkapelle verbergen. Auf einige meiner Fragen habe ich bereits 1989 eine Antwort gegeben. Doch manche dieser Erkenntnisse warfen wieder Fragen auf. Die Geschichtsforschung brachte neue Ergebnisse zutage. Mit der Übersetzung der Chronik vom Petersberg durch Prof. Kirsch, der breiten Quellenanalyse von Dr. Pätzold und den Forschungen zum Sachsenspiegel standen mir nun ausgezeichnete Quellenbearbeitungen zur Verfügung. Meine Recherchen führten mich zu einem immer tieferen Verständnis der mittelalterlichen Geschichte und bisher unberücksichtigte Gesichtspunkte rückten in den Mittelpunkt meiner Überlegungen. Neue, überraschende Zusammenhänge erschlossen sich mir. Das Gefühl, diese neuen Erkenntnisse dem bereits veröffentlichten Buch hinzufügen zu wollen, wurde immer stärker. Das 1989 erschienene Buch war längst vergriffen. Immer wieder wurde mir gegenüber der Wunsch nach einer Neuauflage geäußert. Als ich in Katja Münchow eine mit der Regionalgeschichte vertraute Historikerin fand, die bereit war, mich als Koautorin bei der Erarbeitung eines neuen Buches zur Geschichte der Burg und der Stadt Landsberg zu unterstützen, entschloss ich mich, noch einmal ein solches Werk in Angriff zu nehmen. Bei der Stadt Landsberg und ihrem Bürgermeister, Herrn Heinrich, fand ich für dieses Vorhaben tatkräftige Unterstützung und auch das Museum „Bernhard Brühl" sagte jede mögliche Hilfe zu. Im Februar 2007 begannen die Arbeiten. Es war ein intensiver Schaffensprozess. Als ich im Sommer 2007 schwer erkrankte, schien es, als würde mein neues Buch nun nie geschrieben werden.

Doch Katja Münchow hat die Arbeiten weiter vorangetrieben und das Manuskript beendet. Es ist ihr gelungen, auf der Grundlage der bisherigen Veröffentlichungen, eigener Recherchen und unserer vielen gemeinsamen Gespräche und Diskussionen die neuen Erkenntnisansätze und Überlegungen zur Landsberger Geschichte und zur Geschichte der Ostmark (vor allem auch meine Gedanken zu den Naumburger Stifterfiguren) zu einem Buchtext aufzubereiten, weiterzuentwickeln und auszuformulieren.

Beide freuen wir uns, dass das Buch nun vorliegt und wünschen ihm einen großen Kreis interessierter Leser. Zugleich hoffen wir natürlich, dass dieses Buch die wissenschaftliche Diskussion anregen wird. Viele Quellen wurden befragt und ausgewertet. Fehlten schriftliche Überlieferungen, haben wir analoge Vorgänge untersucht, um die historischen Vorgänge und Zusammenhänge zu erkennen und zu verstehen. Heute kann man nicht mehr davon sprechen, dass die Quellen noch schweigen würden. Allerdings bleiben noch immer Fragen unbeantwortet oder unzureichend geklärt. Das vorliegende Buch bemüht sich, Antworten zu geben und wir verstehen es als einen vorläufigen Beitrag zur Geschichte Landsbergs und der romanischen Doppelkapelle „St. Crucis" sowie zum Verständnis der historischen Rolle der Markgrafen der Ostmark – der Markgrafen von Landsberg.

Gottfried Sehmsdorf, Mai 2008

Ein Auftragsmord im Jahre 1034

„Soldaten des Markgrafen Ekkehard dringen in das Schlafgemach Dietrichs, des Grafen der Ostmark [comes orientalium], ein, umringen ihn mit höhnischer Begrüßung und metzeln ihn nieder [occiditur]"[1].

Mit diesen Worten beschreibt der Autor der Hildesheimer Annalen einen ruchlosen Auftragsmord, der sich im Jahre 1034 zutrug. Als Auftraggeber wird Markgraf Ekkehard II. (um 985–1046) genannt. Bei dem Opfer handelt es sich um Dietrich II. (um 990–1034).

Ekkehard II. war der jüngere Sohn von Ekkehard I. (um 960–1002) und Swanhild (945/55–1014)[2]. Bereits sein Vater und sein Großvater (Gunther, +982)[3] waren Markgrafen gewesen und über seine Mutter war er zudem mit dem legendären Markgrafen Gero (+965) verwandt[4], der einst das riesige Gebiet im Osten des Reiches beherrschte, das später (968) in die Bistümer und Marken Meißen, Merseburg und Zeitz unterteilt wurde. Ekkehards Vater war im Jahre 1002 sogar aussichtsreicher Kandidat auf den Königsthron, wurde allerdings von seinen Rivalen ermordet. Ekkehards älterer Bruder Hermann (um 980–1038) war Markgraf von Meißen (1009–1038)[5]. Ekkehard selbst ist 1032 vom Kaiser zum „Markgrafen der Ostmark" erhoben worden.

Dietrich II. entstammte ebenfalls einer einflussreichen Adelsfamilie, dem Geschlecht der Buzici (der Burkhardinger) die ihre Eigengüter ursprünglich im Hasse- und Schwabengau[6] hatten. Dietrichs Mutter war

---

1 „Eodem anno Thiedricus comes orientalium a militibus Aeggihardi marchionis in proprio cubiculo ficta salutatione circumventus in dolo 13 kal. Dezembris occiditur", Annales Hildesheimenses, zitiert nach Pätzold, Stefan: Die früher Wettiner. Köln/Weimar/Wien 1997, S. 96, Anmerkung 80.

2 Tochter des Herzogs Hermann I. Billung von Sachsen. In erster Ehe verheiratet mit Markgraf Thietmar (–nach 979, Neffe des Markgrafen Gero).

3 Nach dem Tode des Markgrafen Gero wurde das Territorium der sächsischen Ostmark in drei Markengebiete untergliedert. Überliefert sind 968 die drei Markgrafen Wigbert, Wigger und Gunther für Meißen, Zeitz und Merseburg.

4 Seine Mutter, Swanhild, war in erster Ehe mit Markgraf Thietmar, einem Neffen Geros, verheiratet. Thietmars Vater hieß Christian, weshalb diese Familie, die bis 1032 das Amt des Markgrafen der sächsischen Ostmark (zeitweise verbunden mit der Lausitz) inne hatte, „Christiansippe" genannt wurde.

5 Zuvor war Hermann 1004 bis 1007 Markgraf der Lausitz.

6 Der Hassegau lag nördlich der Unstrut, beginnend bei Wangen bis zur Mündung der Unstrut in die Saale bei Naumburg. Im Norden schloss sich der Schwabengau an,

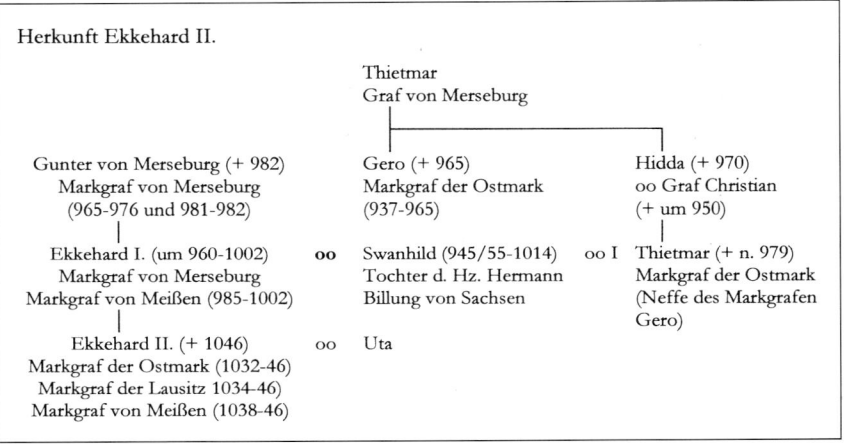

Herkunft Ekkehard II.

Thietmar
Graf von Merseburg

Gunter von Merseburg (+ 982) Markgraf von Merseburg (965-976 und 981-982)		Gero (+ 965) Markgraf der Ostmark (937-965)		Hidda (+ 970) oo Graf Christian (+ um 950)

Ekkehard I. (um 960-1002) oo Swanhild (945/55-1014) oo I Thietmar (+ n. 979)
Markgraf von Merseburg   Tochter d. Hz. Hermann   Markgraf der Ostmark
Markgraf von Meißen (985-1002)   Billung von Sachsen   (Neffe des Markgrafen
                                                                 Gero)

Ekkehard II. (+ 1046) oo Uta
Markgraf der Ostmark (1032-46)
Markgraf der Lausitz 1034-46)
Markgraf von Meißen (1038-46)

Thiedburg, die Tochter des Markgrafen der Nordmark, und sein Vater Dedi (+1009) soll „Markgraf von Merseburg"[7] gewesen sein. Dietrich selbst war mit der Schwester Ekkehard II., Mathilde (um 997 – um 1030), vermählt. Dietrich II. besaß mehrere Grafentitel.

Nach dem Tod seines Vaters erhielt Dietrich II. dessen Lehen im Hasse- und im Schwabengau[8] sowie wahrscheinlich dessen Anteile am Burgward Zörbig[9] (und eventuell auch Ländereien im Burgward Wettin[10]).

Von seinem Onkel väterlicherseits erbte Dietrich die Grafschaft Eilenburg als Eigengut. Thietmar von Merseburg berichtet uns darüber: „In dieser heiligen Nacht [5./6. Januar 1017] starb Graf Friedrich, der Gott und seinem Herren immer treu ergeben war, in Eilenburg. Als dieser verständnisvolle Mann sein Ende herankommen sah, übergab er die Befestigung Dietrich, dem Sohn seines Bruders […]: seine Grafschaft und die

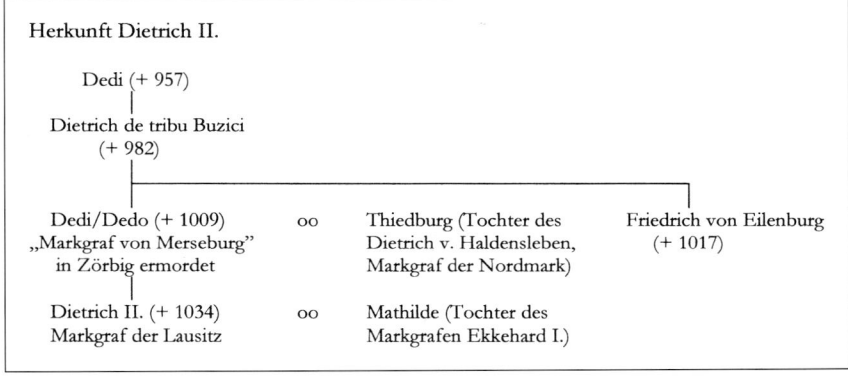

Herkunft Dietrich II.

Dedi (+ 957)

Dietrich de tribu Buzici
(+ 982)

Dedi/Dedo (+ 1009) „Markgraf von Merseburg" in Zörbig ermordet	oo	Thiedburg (Tochter des Dietrich v. Haldensleben, Markgraf der Nordmark)	Friedrich von Eilenburg (+ 1017)

Dietrich II. (+ 1034) oo Mathilde (Tochter des
Markgraf der Lausitz   Markgrafen Ekkehard I.)

Herrschaft [potesta] über der. Gau Siusile wurde durch die kaiserliche Gnade diesem Dietrich übertragen."[11]

Gemäß diesem durch Thietmar von Merseburg überlieferten Rechtsakt erhielt Dietrich – neben der Grafschaft Eilenburg – vom Kaiser die Herrschaft über den Gau Siusile (Region um Landsberg).

Der Hildesheimer Annalist nennt Dietrich „comes orientalium". Pätzold vermutet hinter der Bezeichnung die „Kumulation von Grafenrechten"[12]. Nach Auffassung der Autoren handelt es sich um ein kaiserliches Amt, das im Zusammenhang zum „marchio orientalis", zum „Markgrafen der Ostmark", zu sehen ist. Der „comes orientalis" ist der reichsunmittelbare [Burg]Graf im Sinne eines militärischen Verteidigers der Burg des „marchio orientalis" (des Markgrafen der Ostmark) und ihres Umlandes. Beide, Markgraf und Burggraf, erhielten ihr Lehen vom Kaiser

der sich bis zur Bode erstreckte (Vgl. Andert, Reinhold: Der Thüringer Königshort. Querfurt 1995, S. 63 und S. 154ff.)

7 Man findet diesen Titel für Dedi, allerdings war er vermutlich nicht Markgraf. In der „genealogia wettinensis" (Kirsch, Wolfgang: Chronik vom Petersberg. Halle 1995, S. 231) heißt es: „In den Tagen Kaiser Ottos I. <K. 962–973> lebte ein gewisser Dietrich <I., +982>, ein Mann vornehmer Herkunft. Der zeugte zwei Söhne, die Grafen Dedi <I.> [Dedo] und Friedrich <von Eilenburg>. In den Tagen aber Kaiser Ottos III. <K. 996–1002> gewann nach dem Tod des Grafen von Merseburg, eines gewissen Binizo [Bio] <...>, Erzbischof Giselher <...> dessen Grafschaft, die zwischen den Flüssen Wipper und Saale, Salza [Salta] und Böse Sieben [Willebeke] <bei Eisleben> liegt, für Dedi. Der heiratete zudem Thiedburg [Thieberga] eine Tochter des Markgrafen Dietrich <...965–985 Markgraf der sächsischen Nordmark>, und zeugte mit ihr einen Sohn namens Dietrich ... Dedis Sohn Dietrich aber erhielt <1009> als Königslehen die Grafschaft und die gesamten Lehen seines Vaters. Die Mark jedoch <also die sächsische Nordmark> [...] wurde dem Grafen Bernhard ... zugesprochen". Dietrichs Vater Dedi war demnach „Graf von Merseburg" mit einer Grafschaft zwischen Wipper und Saale, Salza und Böser Sieben. Markgraf (der sächsischen Nordmark) war nicht er, sondern sein Schwiegervater. Möglicherweise hat Dedi nach dem Tod seines Schwiegervaters dieses Markgrafenamt für sich beansprucht (Vgl. Pätzold: Die frühen Wettiner, a.a.O., S. 13).

8 Vgl. u.a. Pätzold: Die frühen Wettiner, a.a.O., S. 238f.

9 Vgl. ebenda, S. 15.

10 Vgl. ebenda, S. 241. Zumindest Dietrichs Sohn Thimo muss Eigentum im Burgward Wettin besessen haben. Er stattete seine Stiftung Niemegk mit je 20 Hufen in den Burgwarden Brehna, Zörbig und Wettin aus. Pätzold (a.a.O., S. 241) lässt die Frage, ob Dietrich Grafenrechte im Burgward Wettin besaß, offen und schreibt: „Die Herkunft der Grafenrechte im Raum von Wettin beziehungsweise im Gau Nudzizi ist allerdings unklar. Möglicherweise wurden sie eigenmächtig vom Hassegau aus auf dieses Gebiet ausgedehnt".

11 Huf, Franz (Hrsg.): Thietmar von Merseburg. Chronik 2. Essen 1990, S. 157, siehe auch „genealogia wettinensis" (Kirsch: Chronik, a.a.O., S. 232).

12 Pätzold: Die frühen Wettiner, a.a.O., S. 240.

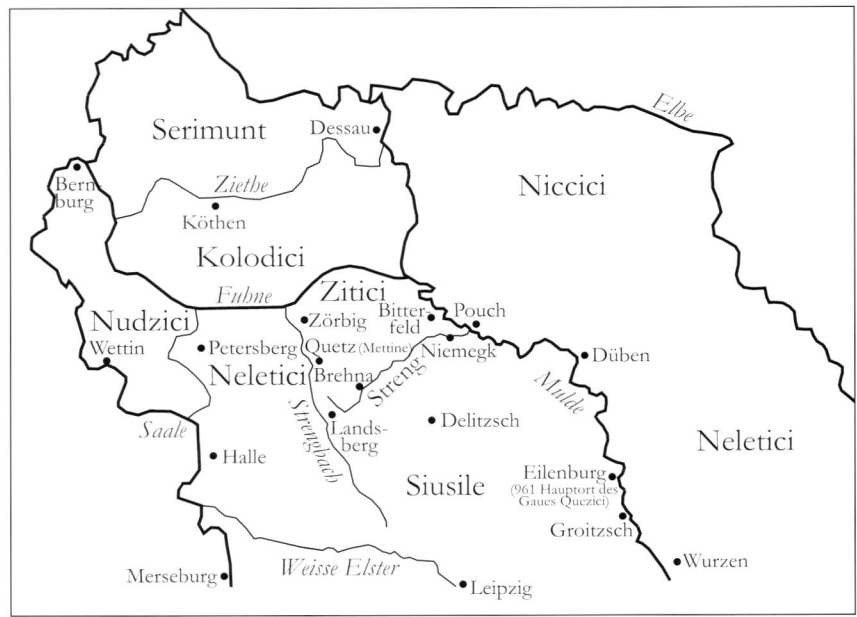

Der Gau Siusile im Territorium zwischen Saale und Elbe (10. Jahrhundert).

und waren kaiserliche Beamte. Zwar stand der [Burg]Graf in der Gliederung der mittelalterlichen Gesellschaft[13] unter dem Markgrafen (3. und 4. Heerschild), er war ihm jedoch nicht unterstellt.

Das Verhältnis zwischen den Inhabern zweier derart mächtiger, sich partiell überschneidender und konkurrierender Ämter muss ausgesprochen

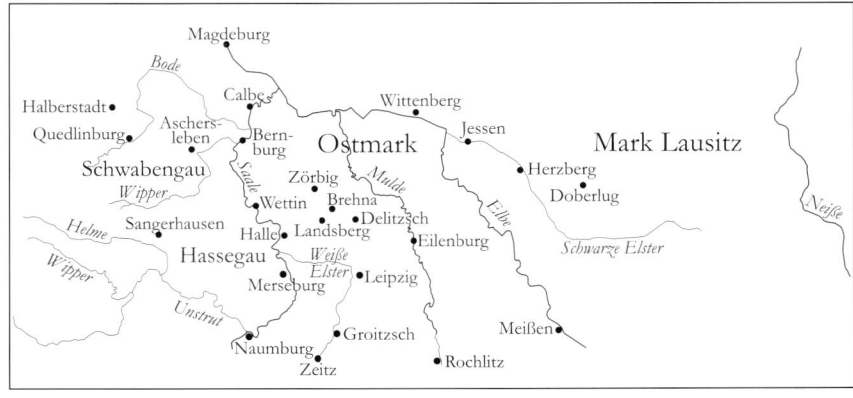

Gebiete östlich der Saale: Sächsische Ostmark und Mark Lausitz (Niederlausitz).

14

konfliktgeladen gewesen sein. So sind beispielsweise Rivalitäten zwischen den Markgrafen von Meißen und den Burggrafen von Meißen historisch belegt[14]. Auch der Konflikt zwischen dem „comes orientalis" Dietrich II. und dem „marchio orientalis" Ekkehard II., der im Jahre 1034 zur Ermordung Dietrichs führte, wird in dieser Konstellation eine seiner Wurzeln gehabt haben.

Für die Frage nach dem Tatmotiv dürfte jedoch entscheidend sein, dass Dietrich II. und Ekkehard II. unmittelbar Konkurrenten um das Markgrafenamt gewesen sein sollen.

Ekkehard war 1032 vom Kaiser mit der Ostmark belehnt worden, nachdem mit dem Tode des Markgrafen Hodo II. (+1032) die „Christian-Sippe", die bis dahin das Amt des Markgrafen der Ostmark über vier Generationen inne hatte, erloschen war. Hodos Vorfahren waren – zumindest zeitweise – zusätzlich zur Ostmark auch mit der Mark Lausitz belehnt. Zwar blieb die Lausitz offenbar ein eigenständiges Markenterritorium (sie wird z. B. 1075 separat von der Ostmark vergeben), doch in den Jahren vor der Eroberung der Lausitz durch die Polen 1017, scheinen die Ostmark und die Mark Lausitz in einer Hand gewesen zu sein[15].

13 Gliederung in „sieben Heerschilde" nach Eike von Repgow, siehe: Schott, Clausdieter (Hrsg.): Eike von Repgow. Der Sachsenspiegel. Zürich 1996, S. 37.

14 Burggrafen von Meißen sind ab 1068 nachgewiesen. Die seit dem 12. Jahrhundert als Burggrafen belegten Meinherdinger konnten ihre ursprünglich bedeutende Stellung in der Mark Meißen gegenüber dem wachsenden Einfluss und der zunehmenden Selbstständigkeit der wettinischen Markgrafen nicht aufrecht erhalten. Im 15. Jahrhundert gelang es den Wettinern, das ihre Herrschaftsgewalt beschränkende Burggrafenamt zu liquidieren. Als 1426 der letzte Burggraf von Meißen aus dem Geschlecht der Meinherdinger in der Hussitenschlacht von Aussig verstarb, belehnte Kaiser Sigmund (1368–1437) zwar Heinrich von Plauen mit der Burggrafschaft Meißen, doch „setzte sich Friedrich [der Streitbare (1370–1428)] in den Besitz der Burggrafschaft und ging gegen den neuen Burggrafen sofort militärisch vor" (Fuhrmann, Dietmar: Albrechtsburg Meißen. Halle 1997. S. 19.). Letztlich konnte das wettinische Kursachsen die Burggrafenrechte an sich reißen (1429 übertrug ihm der Kaiser die Anwartschaft, 1440 verzichtete Heinrich von Plauen auf Rechte und Befugnisse, nach dem Aussterben der Plauenschen Burggrafenlinie 1572 ging der Titel endgültig an Kursachsen).

15 Schlesinger spricht für das 11. Jahrhundert von drei Marken: der Mark Meißen, der Ostmark und einer dritten „nicht sicher zu bestimmen[den]" Mark – u.E. die Lausitz (Schlesinger, Walter: Mitteldeutsche Beiträge zur deutschen Verfassungsgeschichte des Mittelalters. Göttingen 1961, S. 54.). Schlesinger schreibt (ebenda): „… wenn die Altaicher Jahrbücher zum Jahre 1046 berichten, nach dem Tode des Markgrafen Ekkehard II. habe Dedi vom König zwei von dessen Marken erhalten, die dritte, nämlich die meißnische, habe der König einbehalten, so ist deutlich, dass es sich um vergleichsweise gefestigte Bezirke gehandelt haben muss, die, auch wenn sie vorübergehend in Personalunion in einer Hand vereinigt waren, doch nicht miteinander verschmolzen."

1031 ist die Mark Lausitz zurückerobert worden. Ob Hodo, der 1032 verstarb, mit der Lausitz belehnt wurde, ist nicht sicher überliefert. Gemeinhin wird dargestellt, dass Dietrich II., der sich im Kampf gegen die Polen große Verdienste erworben hatte[16], für eine kurze Zeit vor seinem Tode 1034 Markgraf der Lausitz gewesen sei[17]. Das allerdings wäre ein überzeugendes Motiv für den Schwagermord. Da die Lausitz lange Zeit mit der Ostmark verbunden war, erhob Ekkehard als Markgraf der Ostmark Anspruch auf dieses Gebiet. Er räumte den Konkurrenten aus dem Wege.

16 Bei der Rückeroberung der Lausitz soll er gar eine hervorragende Rolle gespielt haben. Pätzold schreibt (Die frühen Wettiner, a.a.O., S. 15): „Als die Auseinandersetzungen 1028 unter der Führung von Boleslaws Sohn Mieszko II. erneut ausbrachen, stellte sich der Wettiner [Dietrich II.] dem Polen wiederum entgegen. Nach den Angaben des Annalisten Saxo zum Jahre 1030 war es damals sogar Dietrich allein, der Mieszko wirksamen Widerstand leistete und ihn schließlich zurückwarf".

17 Es gibt auch andere Darstellungen, z. B. Pätzold (Die frühen Wettiner, a.a.O., S. 244), der davon ausgeht, Ekkehard II. sei 1032 zusammen mit der Ostmark auch mit der Lausitz belehnt worden.

War Landsberg der Tatort?

Den genauen Ort der Mordtat überliefert uns der Hildesheimer Annalist leider nicht. Der tödliche Anschlag findet im Schlafgemach Dietrichs statt („in proprio cubiculo"), d.h. in der Kemenate seiner Burg. Wo aber stand diese Burg?

Wo Dietrich seinen Wohnsitz hatte, ist nicht überliefert. Es gibt allerdings Indizien, die auf Landsberg deuten. Dietrich war mit diesem Ort in zweifacher Hinsicht kraft seines Amtes verbunden.

1. Der Kaiser verlieh Dietrich 1018 die Herrschaft über den Gau Siusile. Hauptort im Gau Siusile war – so wissen wir aus einer Urkunde Ottos des Großen aus dem Jahre 961 – die „civitas Holm"[18]. Holm, ist ein slawischer Ortsname und bedeutet „Berg". Seit Kutscher[19] ist nachgewiesen, dass die „civitas Holm" mit Landsberg identisch ist. Es ist demnach anzunehmen, dass Dietrich hier, am Hauptort des ihm vom Kaiser übertragenen Herrschaftsbereiches – seinen Wohnsitz hatte[20].

2. Wenn Dietrich II. als „comes orientalis" die Verteidigung und Verwaltung der Burg des „Markgrafen der Ostmark" oblag, so ist anzunehmen, dass er seine Festung in der Nähe der Markgrafenburg hatte. Wo aber saß der „Markgraf der Ostmark"? Wo hatte Ekkehard II. im Jahre 1034 seine Residenz?

Bevor Ekkehard 1032 Markgraf der Ostmark wurde, hatten Mitglieder der „Christian-Sippe" dieses Amt inne. Zumindest für den ersten Amtsinhaber aus diesem Adelsgeschlecht, Thietmar I. (+nach 979), darf angenommen werden, dass seine Markgrafenburg in Merseburg stand. Er ist als „Markgraf von Merseburg" überliefert. Markgrafenburg, Burggrafenburg und Bischofssitz waren zu jener Zeit offenbar noch an einem Ort vereint, was im 10. Jahrhundert die Regel gewesen sein dürfte. Noch heute erkennen wir diese Strukturen in Meißen. Der Domfelsen über der Elbe

---

18 Gesellschaft für Ältere Deutsche Geschichtskunde (Hrsg.): Die Urkunden der deutschen Könige und Kaiser (Monumenta Germaniae Historica). Bd. 1. Die Urkunden Konrad I. Heinrich I. und Otto I. Hannover 1879–1884 [MGH-DD 1], S. 316f., Urkunde 231.

19 Kutscher, Rolf: Geschichte der Burg und Stadt Landsberg. Teil I. Landsberg 1961.

20 Andere Orte sind allerdings ebenso möglich: z.B. Zörbig, wo schon sein Vater Dedi Eigentum besessen hatte oder die Festung in Eilenburg, die er von seinem Onkel Friedrich (+1017) erhalten hatte – ein ebenfalls strategisch wichtiger Ort in der Ostmark.

bot drei Burgen Raum. Er war dreieckig gegliedert – an jeder Ecke eine Burg: eine dem Bischof, eine dem Markgrafen und eine dem reichsunmittelbaren Burggrafen.

Die Auflösung des Bistums Merseburg im Jahre 981 zerstörte diese trinitarische Struktur in Merseburg. Zwar ist das Bistum 1004 wiederhergestellt worden und Merseburg wurde erneut Bischofssitz, ob Merseburg jedoch Markgrafensitz blieb, ist unbekannt. Sichere Belege gibt es weder für ein Fortbestehen einer Markgrafenburg in Merseburg nach 981 noch für eine Verlagerung. Es ist nicht überliefert wo die Nachkommen Thietmar I. (+nach 979), die das Amt des „Markgrafen der Ostmark" bis 1032 inne hatten, residierten. Zumindest für Ekkehard II. kann angenommen werden, dass er, als er 1032 „Markgraf der Ostmark" wurde, nicht Merseburg als Aufenthalts- und Wohnort wählte.

Zwischen den Ekkehardingern und den Merseburger Bischöfen gab es territoriale Streitigkeiten. Die Chronik des Thietmar von Merseburg (1009–1018 Bischof in Merseburg) legt beredtes Zeugnis davon ab. Thietmar von Merseburg beklagt darin, dass Ekkehard und sein Bruder Hermann Anspruch auf dem Bistum übertragene Gebiete erheben und urteilt verärgert: „sie benehmen sich, als ob es weder König noch Kaiser im Reich gäbe"[21]. Auch von Thietmars Nachfolger, Bruno von Merseburg (1019–1036 Bischof in Merseburg), ist bekannt, dass er mit den Brüdern Hermann und Ekkehard Auseinandersetzungen um Besitzansprüche führte. Die Merseburger Bischöfe gingen davon aus, dass „alles, was die

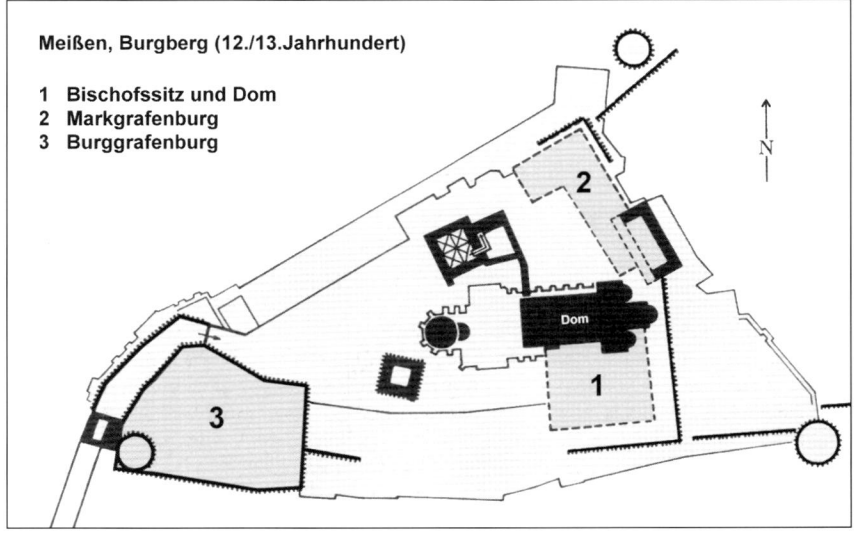

Meißen, Burgberg (12./13. Jahrhundert)

1 Bischofssitz und Dom
2 Markgrafenburg
3 Burggrafenburg

N

Dom

2

1

3

a Die Stadtkirche.
b Das Schloß Landsberg.

Wilhelm Dilich: Landsberg, Federzeichnung um 1626 (älteste bekannte Darstellung Landsbergs).

Stadtmauer von Merseburg umschloss"[22], Eigentum des Bistums sei. Ansprüche des Markgrafen in Merseburg könnten demnach für zusätzlichen Konfliktstoff gesorgt haben. Wahrscheinlich haben diese Differenzen mit den Merseburger Bischöfen Ekkehard II. veranlasst, einen anderen Ort zum Markgrafensitz auszubauen. Tatsächlich wird er 1042, im Urkundenbuch des Hochstifts Naumburg, als „Ekkehard von Landsberg" bezeichnet[23].

Offenbar hat Ekkehard II. nach der Ernennung zum „Markgrafen der Ostmark" seinen Sitz auf dem unweit Merseburgs (und doch weit genug entfernt) liegenden „Landsberg" errichtet. Dass die Wahl Ekkehards auf Landsberg fiel, könnte sogar damit zusammenhängen, dass sein Schwager Dietrich die Herrschaft im Gau Siusile inne hatte. Vor allem aber bot sich Landsberg als Markgrafensitz deshalb an, weil es ein befestigter Ort war, der unter Verfügung des Kaisers stand.

21 Thietmar von Merseburg. Chronik 2, a.a.O., S. 208.
22 Thietmar von Merseburg. Chronik 1, S. 119. Vgl. auch Ramm, Peter: Pfalz und Schloss zu Merseburg (Merseburger Land. Beiträge zur Geschichte und Kultur. 3). Döbel 1997. Ramm geht davon aus, dass dem Bistum damit auch die Kaiserpfalz übertragen worden wäre und dass sich auf dem Schlosshügel, d.h. innerhalb der Mauern Merseburgs auch die Residenz des Markgrafen von Merseburg befunden haben muss (siehe S. 8 und 10).
23 Urkundenbuch des Hochstiftes Naumburg, Teil 1; S. 38: 3. August 1042, König Heinrich III. schenkt dem Kloster Mansfeld unter Abt Adelrat „auf rath und angeben Cadelochi oder Cadoli des bischofs zu Zeitz und Naumburg und marggraven Eckarts oder Eckebrechts zu Landsberg ...".

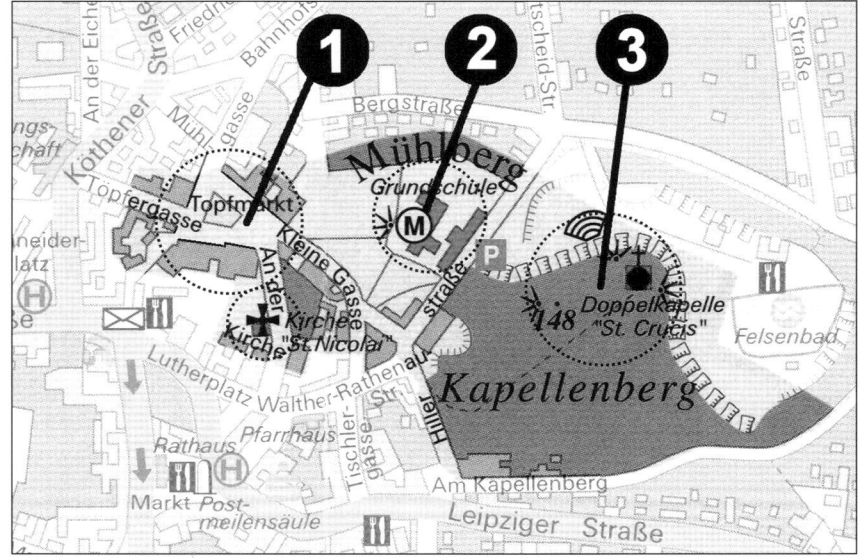

Lageskizze Stadt und Burg Landsberg (G. George, 2008).
1 Dreiecks-Markt (Topfmarkt)
2 Burggrafenburg (Mühlberg)
3 Markgrafenburg (Kapellenberg)

Landsberg (bzw. der mit Landsberg identische Ort „Holm") wird urkundlich erstmals 961 erwähnt und zwar als der Hauptort im Gau Siusile. Vermutlich legte König Heinrich I. (876–936), der als „Heinrich der Städtebauer" in die Geschichte eingegangen ist, hier – wo einst eine slawische Burg gestanden hatte – einen befestigten Platz an. Heinrich I. schuf zur Verteidigung der Grenzgebiete sein legendäres Burgwardsystem, das zur Keimzelle der Städte werden sollte. Diese frühstädtischen Siedlungen bestanden aus dem festen Herrensitz, der Kirche samt Pfarrhaus und dem befestigten Markt (i. d. R. dreieckig). Sie waren Wirtschafts-, Verwaltungs- und Verteidigungszentren in der Verfügung des Kaisers (d. h. „Reichsburgen") und werden in den zeitgenössischen Urkunden als „civitas" bezeichnet.

Die 961 erwähnte „civitas Holm" heißt 1042 „Landsberg". Der slawische Name ist ins Deutsche übertragen und mit einem inhaltsreichen Beiwort versehen: „Landesberg" d. i. die „Burg des Landes", denn Burg und Berg sind austauschbare Begriffe. Diese Umbenennung könnte sogar ein weiteres Indiz dafür sein, dass dem Ort nun eine neue Bedeutung als Markgrafensitz zukam.

20

Es deutet demnach einiges darauf hin, dass Ekkehard II. als „marchio orientalis" auf dem Landsberg eine „Reichsburg" (civitas) zum Markgrafensitz ausbaute. Diese Markgrafenburg wird auf dem höchsten Punkt des Berges, d.h. auf dem Plateau gestanden haben, auf dem heute noch die Doppelkapelle steht. Dietrich II. als „Burggraf" („comes orientalis") muss seine Festung – das legt die Funktion seines Amtes nahe – ebenfalls in der „civitas Landsberg" gehabt haben. Wahrscheinlich befand sie sich unterhalb der Markgrafenburg, auf der als „Mühlberg" bezeichneten Anhöhe. Der Ort, an dem Dietrich II. im Jahre 1034 von Ekkehards Leuten brutal erschlagen wurde, ist demnach mit hoher Wahrscheinlichkeit Landsberg gewesen.

Blick vom Topfmarkt zum Kapellenberg, 1930er Jahre.

Entstehung der Grafschaft Brehna

Die Entstehung einer „Grafschaft Brehna" scheint in die Zeit nach 1034 datiert werden zu müssen und könnte eine direkte Folge des Mordes an Dietrich II. im Jahre 1034 sein (und ein weiteres Indiz für die These, dass Landsberg der Tatort gewesen ist).

Auf einer im Jahre 1053[24] in Goseck (bei Naumburg) ausgestellten Urkunde erscheinen zwei Söhne des 1034 ermordeten Grafen Dietrich, Thimo und Gero, als „Grafen von Brehna" („comites de Bren"). Dies ist der erste urkundliche Nachweis eines Ortes und einer Grafschaft Brehna.

Die zeitliche Nähe zwischen der Ermordung Dietrichs und dem ersten schriftlichen Beleg für die Existenz der „Grafen von Brehna" kann kein Zufall sein. Nach Auffassung der Autoren steht die Entstehung der Grafschaft Brehna in engem Zusammenhang mit dem Mord, der sich 1034 ereignete.

Nach Dietrichs Tod erbten seine Nachkommen die Eigengüter ihres Vaters. Ämter, die Dietrich einst inne hatte, wurden nun seinen Söhnen übertragen. Von Dietrichs Sohn Dedo, der nach dem Tod Ekkehards mit der Ostmark belehnt wurde, wird noch die Rede sein. Dem jüngeren Sohn Thimo (evtl. zusammen mit seinem Bruder Gero) wurde wahrscheinlich die Herrschaft über den Gau Siusile übertragen. Da diese Rechtsposition offenbar mit der Verantwortung für den militärischen Schutz der Region um die „civitas" Landsberg (dem reichsunmittelbaren Hauptort des Gaues) verbunden war, wäre Thimo demnach „[Burg]Graf von Landsberg" geworden, doch in den Quellen tritt er uns als „Graf von Brehna" entgegen.

Offensichtlich haben Dietrichs Nachkommen Landsberg aufgegeben und Brehna zum neuen Sitz der Herren im Gau Siusile ausgebaut. Es ist gut vorstellbar, dass Thimo seinen Sitz verlegte, um nicht weiter an jenem Ort leben zu müssen, an dem der brutale Mord an seinem Vater geschah und an dem sich der Auftraggeber für diesen Mord möglicherweise sogar noch immer aufhielt. Der Bau einer neuen Burg in Brehna, am Fuße des Landsberges, wäre dann ein weiterer Hinweis darauf, dass sich der Schwagermord im Jahre 1034 auf der Burg Landsberg ereignete.

Der Ort Brehna wird zuvor auf keiner Urkunde erwähnt, auch nicht auf der Urkunde Otto I. aus dem Jahre 961. Offenbar befand sich hier keine „civitas". Doch muss bereits 961 eine Slawensiedlung bestanden haben. Der Ortsname ist slawischen Ursprungs und leitete sich vermutlich von dem Namen ab, den einst hier lebende Slawen dem heute als

„Strengbach" (auch „Rhein") bezeichneten Flüsschen gaben, das sich durch Brehna windet[25]. Als neuer Standort für den Burggrafen von Landsberg bot sich Brehna geradezu an. Der Ort befindet sich in unmittelbarer Nähe von Landsberg. Die zu schützende „civitas" lag in Sichtweite. Brehna war als Standort der neuen Festung auch deshalb prädestiniert, weil hier bereits die Slawen auf einer Anhöhe ihre Burg erbaut hatten. Es sind vergleichbare Fälle bekannt, in denen die Sachsen ihre neuen Burgen auf oder neben der alten Slawenburg errichteten.

Der Erbauer einer Burg in Brehna war vermutlich Thimo, eventuell gemeinsam mit seinem Bruder Gero. Beide werden in der Urkunde von 1053 „Grafen von Brehna" genannt, hatten hier demnach einen Sitz. Von Thimos Wirken vor Ort zeugt zudem der Name des Brehnaer Ortsteils Thiemendorf. Die Ansiedlung ist ganz offensichtlich eine Gründung Thimos gegen Ende des 11. Jahrhunderts. Sie liegt von Brehna aus gesehen in Richtung Landsberg.

Wo stand die Burg der „Grafen von Brehna"?

In Brehna gibt es zwei Standorte, an denen diese Burg lokalisiert wird: auf dem „Burgberg" und auf dem Gelände der Brehnaer „Stadt- und Klosterkirche".

Der „Burgberg" ist ein im 19. Jahrhundert weitgehend abgetragener Hügel hinter dem „Alten Rathaus" von Brehna, auf dem einst eine slawische Burg stand. Überliefert sind an dieser Stelle ein sogenanntes Schloss, eine „Bartholomäus-Kapelle"[26] und später das „Haus auf dem Berge"[27]. Die zum „Schloss" gehörende Kapelle könnte eine Burgkapelle gewesen sein. Dafür, dass auf der Anhöhe eine Burg der Grafen von Brehna stand, spricht auch, dass der „Burgberg" bis ins 17. Jahrhundert landesherrliches Eigengut war[28].

24 Ahlfeld, Richard: Die Gosecker Chronik (Chronicon Cozecense 1041–1135). In: Jahrbuch für die Geschichte Mittel- und Ostdeutschlands, Band 16/17, Berlin 1918. (Siehe auch Köhler, M. Johann Jakob: Geschichte der Stadt und Grafschaft Brena. Transkribiert, übersetzt und bearbeitet von Armin Feldmann, Brehna 2003, S. 222f.)

25 Freydank, Dietrich: Ortsnamen der Kreise Bitterfeld und Gräfenhainichen. Berlin 1962, S. 22.

26 Die „Bartholomäus-Kapelle" war spätestens seit der Reformation nicht mehr in Betrieb. In den Visitationsberichten jener Zeit wird sie nicht erwähnt. Ihre Überreste standen aber noch im 18. Jahrhundert auf dem Gelände des heutigen Grundstücks Rathausgasse 3 (siehe Köhler, a.a.O., S. 20).

27 Grundbuch Brehna, Band IV, Blatt 153. Um 1830: „hinter dem Berge, Haus Nr. 154", später Rathausgasse Nr. 2, Abriss am 3.8.1985.

28 Er wurde nach der Reformation mit dem Klostergut vereint und kam mit diesem an die Stadt Brehna.

Der zweite mögliche Standort der Burg ist das Gelände der „Stadt- und Klosterkirche" Brehna und der Brehnaer Schule. Es ist nicht auszuschließen, dass der gewaltige Westturm der Brehnaer Kirche, der ursprünglich baulich nicht mit der Kirche verbunden war, sondern frei gestanden haben muss, der Turm der ehemaligen Burg Brehna gewesen ist.

Die Mächtigkeit der Mauern und der Baustil würden einer Funktion des Bauwerks als Burgturm entsprechen. Der Turm hat massive Mauern. Im Erdgeschoß erreichen sie zwei Meter Stärke. Es muss sich zumindest um einen Wachturm und Zufluchtsort gehandelt haben.

Der Turm stammt aus romanischer Zeit. Die schlichten Würfelkapitelle zwischen den rundbogigen Schallöffnungen im Obergeschoss (das Dachgeschoss ist ein späterer Aufbau) waren im 11. Jahrhundert üblich. Die Bauzeit und die vergleichsweise aufwendige Gestaltung der Kapitelle stützen die These, dass dieser Turm Bestandteil der von Thimo (und Gero) von Brehna errichteten gräflichen Burg gewesen ist[30].

Die Grafen von Brehna hatten ganz offensichtlich die Aufgabe, für die Sicherheit der Burg Landsberg und der Umgebung zu sorgen. In der

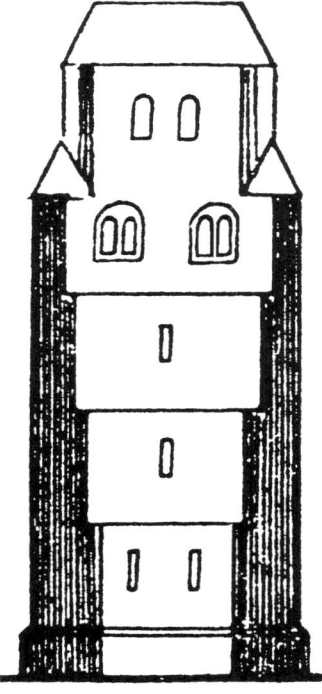

Westturm der Brehnaer Kirche   Längsschnitt des Kirchturms[29]

Kapitell am Westturm der Brehnaer Kirche.

Chronik vom Petersberg heißt es: „Wulrad von Gnetsch [Gniez] berief eine große Anzahl Ritter aus dem Gebiet jenseits der Fuhne zusammen und zog gegen Spören [Zpurne], um diesen Ort zu plündern; über sie fielen Graf Friedrich <I.> von Brehna und Graf Konrad, Sohn des Markgrafen Dietrich, mit nur wenigen Leuten her und zwangen sie, schmachvoll zu fliehen, wobei viele von ihnen verwundet und noch mehr sogar gefangen genommen wurden. Das geschah am 18. Januar <1174>."[31]

29 Rupprecht, Georg: Der Kirchturm von Brehna. In: Heimatkalender der Muldekreise Bitterfeld und Delitzsch, 1923, S. 56, Abb. 2.

30 Ende des 12. oder Anfang des 13. Jahrhunderts verlegten die Grafen von Brehna ihre bevorzugte Residenz aus Brehna (evtl. zunächst nach Jessen, vgl. Rode, Holger: Ergebnisse der archäologischen Untersuchung des Schlosses in Jessen, Landkreis Wittenberg: die Baubefunde des 12. und 13. Jahrhunderts. In: Jahresschrift für mitteldeutsche Vorgeschichte, 86/2003.) nach Herzberg. 1201, etwa zeitgleich mit der Verlegung des Sitzes der Grafen von Brehna, gründete Hedwig von Brehna (+1211, Witwe des Grafen Friedrich I. von Brehna) in Brehna ein Augustinerinnenkloster. Es ist anzunehmen, dass diese Klostergründung der Sicherung der Eigentumsrechte der Familie diente. Die Klostergebäude erstreckten sich südlich der Stadt- und Klosterkirche.

31 Kirsch: Chronik, a.a.O , S. 50f.

Knapp dreißig Jahre später berichtet die Chronik vom Petersberg Ähnliches. Im „deutschen Thronstreit" zwischen dem Staufer Philipp von Schwaben und dem Welfen Otto von Braunschweig wurde ein Heer gegen Magdeburg gesendet, um – so der Chronist vom Petersberg zum Jahr 1203 – „Erzbischof Ludolf von Magdeburg auf die Seite Ottos hinüberzuziehen, weil er das aber nicht vermochte, rief er ein Heer aus Böhmen, Thüringern und anderen Helfern herbei, um den Bischof niederzuzwingen. Sie kamen und lagerten im Gebiet zwischen den Städten Merseburg und Halle. Neun Wochen lang verwüsteten sie die ganze Gegend [...]. Als aber eines Tages ein Teil von Ihnen die Fuhne überschritten hatte, um Beute zu machen, trat ihnen auf dem Rückmarsch Graf Otto von Brehna mit einigen bewaffneten Gefährten im Grenzgebiet der Burg Landsberg entgegen und machte vierhundert von ihnen nieder"[32].

Beide Vorfälle belegen, dass die Grafen von Brehna als „Burggrafen" den Schutz der Region um die Burg Landsberg gewährleisteten.

32 Ebenda, S. 87.

Aufstieg der Wettiner

Ekkehard II. folgte 1034 dem ermordeten Schwager als Markgraf der Lausitz. Ostmark und Lausitz waren nun wieder in der Hand *eines* Markgrafen. Nach dem Tod seines Bruders Hermann 1038 wurde Ekkehard II. zudem Markgraf von Meißen. 1046 verstarb er erbenlos.

Die Markgrafenwürde gelangte wenige Jahre später an Dietrichs Nachkommen. Die Ereignisse um 1034 und die geschilderte Machtkonstellation sind ein Schlüssel für das Verständnis des Aufstiegs der Burkhardinger (bzw. „Wettiner") zu Markgrafen, Kurfürsten und Königen.

Nach dem Tode Ekkehard II. 1046 wurde Dietrichs ältester Sohn, Dedo/Dedi II. (+1075), Markgraf der Sächsischen Ostmark und der Lausitz[33].

Die Familiengeschichtsschreibung der Wettiner stellt in der „genealogia wettinensis"[34] allerdings keinerlei Zusammenhang zwischen diesen beiden Ereignissen her – ebenso wie sie stillschweigend über die Bluttat von 1034 hinweggeht. Todesjahr und Todesursache Dietrichs werden nicht genannt. Ekkehard II. findet lediglich als einer der Brüder Mathildes, der Frau Dietrich II., Erwähnung. Über Dedis Belehnung mit dem Markgrafenamt heißt es: „Dedi erhielt die Mark des Markgrafen Odo, der keine Erben hatte"[35]. Gemeint ist jener Markgraf Hodo II. aus der „Christian-Sippe", nach dessen Tod 1032 Ekkehard II. vom Kaiser mit der Ostmark belehnt und Dietrich II. zum Markgrafen der Lausitz ernannt worden war, was zu dem Machtkonflikt geführt hatte, der das Motiv für den Mord im Jahre 1034 gewesen sein dürfte. Diese Ereignisse bleiben aber in der „genealogia wettinensis" völlig ausgeblendet. Dedi folgt direkt auf Odo. Mehr noch: die „genealogia wettinensis" betont ausdrücklich die verwandtschaftliche Beziehung der „Wettiner" zur „Christian-Sippe", jener Adelsfamilie, die ihre Ansprüche auf das Markgrafenamt aus ihrer Verwandtschaft mit dem ersten Markgrafen der sächsischen Ostmark, Gero (Markgraf 937–965), herleitete und bis 1032 das Amt der Markgrafen der Ostmark, meist verbunden mit der Lausitz, inne gehabt hatte. Dietrichs Frau Mathilde sei, so wird in der „genealogia wettinensis" hervorgehoben, „mütterlicherseits [eine Schwester – K.M.] des Grafen Gero.

---

33 Pätzold, Die frühen Wettiner, a.a.O., S. 17.
34 Siehe Kirsch: Chronik, a.a.O., S. 229–249, v.a. S. 232.
35 Ebenda, S. 232.

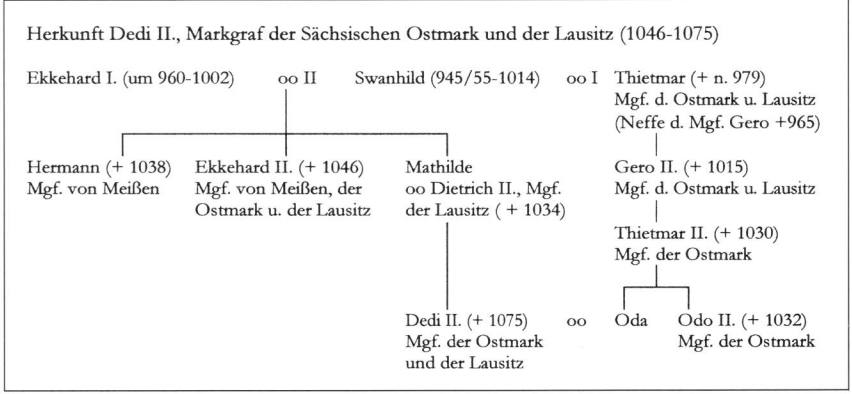

Herkunft Dedi II., Markgraf der Sächsischen Ostmark und der Lausitz (1046-1075)

Ekkehard I. (um 960-1002)   oo II   Swanhild (945/55-1014)   oo I   Thietmar (+ n. 979)
                                                                        Mgf. d. Ostmark u. Lausitz
                                                                        (Neffe d. Mgf. Gero +965)

Hermann (+ 1038)   Ekkehard II. (+ 1046)   Mathilde   Gero II. (+ 1015)
Mgf. von Meißen   Mgf. von Meißen, der   oo Dietrich II., Mgf.   Mgf. d. Ostmark u. Lausitz
                    Ostmark u. der Lausitz   der Lausitz (+ 1034)
                                                                        Thietmar II. (+ 1030)
                                                                        Mgf. der Ostmark

                                             Dedi II. (+ 1075)   oo   Oda   Odo II. (+ 1032)
                                             Mgf. der Ostmark   Mgf. der Ostmark
                                             und der Lausitz

Gero aber war der Sohn des Markgrafen Thietmar"[36]. Dieser Gero (II.), ein Halbbruder Mathildes (beide hatten eine gemeinsame Mutter, die in zweiter Ehe mit Ekkehard I. verheiratete Swanhild), war von 993 bis zu seinem Tode 1015 „Markgraf der sächsischen Ostmark" und „Markgraf der Nieder-Lausitz". Sein Sohn Thietmar II. (+1030) hatte das Markgrafenamt ebenfalls inne. Der in der „genealogia wettinensis" erwähnte Odo (Hodo II.) wiederum, dessen Nachfolge Dedi als Markgraf antrat, war ein Enkel Gero II. und übrigens auch der Schwager Dedis[37].

Die „Sünden der Väter" bleiben in der „genealogia wettinensis" ausgeblendet. Die Herrschaftsansprüche der „Wettiner" werden durch die „Blutlinie", durch die familiären Verbindungen zu den einflussreichen Adelsfamilien der Zeit legitimiert. Der weitere Aufstieg der Verwandtengruppe kann auf diese Weise als makellos, als Geburtsrecht, als von Gott gegeben erscheinen.

Ebenso wie die Familiengeschichtsschreibung nicht an die Tat von 1034 erinnern wollte, so haben die Nachkommen Dietrichs zunächst wohl auch den „Tatort" gemieden. Auffällig ist, dass Dietrichs Söhne nicht in Landsberg residierten.

Von Thimo und Gero, die nach Dietrichs Tod als „Grafen von Brehna" in Erscheinung traten, war bereits die Rede. Dietrichs Sohn Dedo II. hatte seinen Sitz als Markgraf der Ostmark und der Lausitz sehr wahrscheinlich in Eilenburg, dem von seinem Vater geerbten Eigengut.

Dedos Sohn, Heinrich I. von Eilenburg (+1103), wurde 1086 Markgraf der Ostmark (mit Lausitz)[38] und 1090 „Markgraf von Meißen".

Die Belehnung war durch geschickte Heiratspolitik seines Vaters vorbereitet worden. Dedo hatte in erster Ehe Oda, die Tochter des Markgrafen Thietmar (Schwester des Hodo II., siehe oben) geheiratet. Sie war die Witwe des Grafen Wilhelm III. von Weimar (1003–1039) und ihre Söhne aus erster Ehe, Wilhelm IV. und Otto I., waren die Nachfolger Ekkehard II. als „Markgrafen von Meißen" (1046–1062 bzw. 1062–1067). Dedos zweite Ehefrau war die zuvor mit Otto von Weimar-Orlamünde (Markgraf von Meißen, +1067) verehelichte Adela (seine „Schwiegertochter"). Mit ihr zeugte er seinen Sohn und Nachfolger Heinrich I. von Eilenburg, der wiederum mit Gertrud von Braunschweig (+1117) verheiratet wurde. Sie war die Tochter bzw. Schwester der Markgrafen Ekbert I. und Ekbert II. („Markgrafen von Meißen" 1067/68 bzw. 1068–1089).

Heinrich I. von Eilenburg war der erste „Wettiner", der – wie einst Ekkehard II. – die drei Markgrafschaften, die Ostmark, die Lausitz und Meißen in einer Hand vereinte. Sein Sohn, Heinrich II. von Eilenburg (+1123), war ebenfalls Markgraf der Ostmark und der Lausitz (ab 1103) und Markgraf von Meißen (1104–1123). Doch als die Eilenburger Linie 1123 mit Heinrich II. ausstarb, drohte der Familie der Verlust der Markgrafenwürde[39].

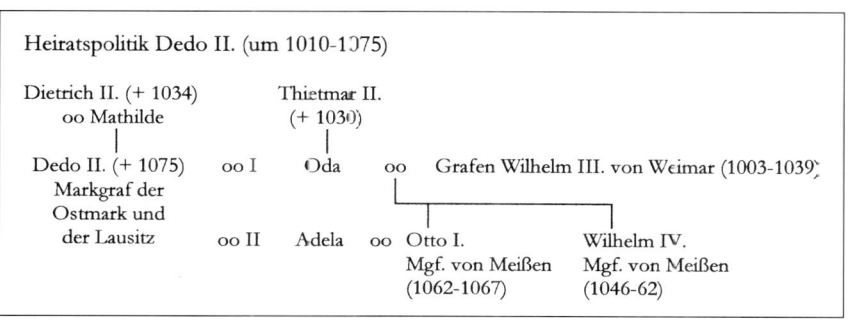

Heiratspolitik Dedo II. (um 1010-1075)

Dietrich II. (+ 1034) oo Mathilde		Thietmar II. (+ 1030)		
Dedo II. (+ 1075) Markgraf der Ostmark und der Lausitz	oo I	Oda	oo	Grafen Wilhelm III. von Weimar (1003-1039)
	oo II	Adela	oo	Otto I. Mgf. von Meißen (1062-1067) Wilhelm IV. Mgf. von Meißen (1046-62)

36 Ebenda, S. 231. Thietmar (+nach 979) war Markgraf der Ostmark und der Lausitz.

37 Dedi heiratete Oda, die Tochter Thietmar II. und Schwester Hodo II.

38 1075 war die Mark Lausitz unabhängig von der Ostmark an Herzog Wratislaw von Böhmen verliehen worden, kam dann aber an die Wettiner zurück.

39 Wiprecht von Groitzsch (+1124) erhob Anspruch auf die Ostmark (mit Lausitz) und auf die Mark Meißen. Nach Pätzold hatte ihm Kaiser Heinrich V. diese mit dem Tod Heinrichs II. von Eilenburg vakant gewordenen Marken übertragen. Doch konnte dieser seine Rechtsansprüche gegen den Widerstand der sächsischen Adligen um Lothar von Supplinburg nicht durchsetzen. Herzog Lothar soll 1123 Konrad von Wettin als Markgrafen von Meißen und Albrecht den Bären als Markgraf der Ostmark/Lausitz eingesetzt haben. (Vgl. Pätzold, Stefan: Herrschaft zwischen Saale und Elbe: Markgraf Konrad von Meißen und der Niederlausitz. In: Konrad von Wettin und seine Zeit. Halle 1999, S. 20. Pätzold stützt sich auf die Paderborner Annalen für das Jahr 1123, ebenda, S. 18.)

Konrad dem Großen (1098–1157), dem zweitgeborenen Sohn Thimos und Enkel des 1034 ermordeten Dietrich II., gelang es, beide Markenterritorien wiederzuerlangen und dauerhaft zu sichern. Er wurde 1127[40] Markgraf von Meißen und 1136 auch Markgraf der Ostmark (einschließlich der Lausitz). Von Konrad führt die genealogische Linie direkt bis zu den Kurfürsten von Sachsen und späteren Königen Sachsens. Er reitet an der Spitze des „Dresdener Fürstenzuges" und gilt als „Stammvater der sächsischen Könige"[41].

Landsberg, der Ort, an dem die Geschichte vom Aufstieg der Wettiner begonnen hatte, gelangte – nachdem der Burgberg von Dietrichs Sohn

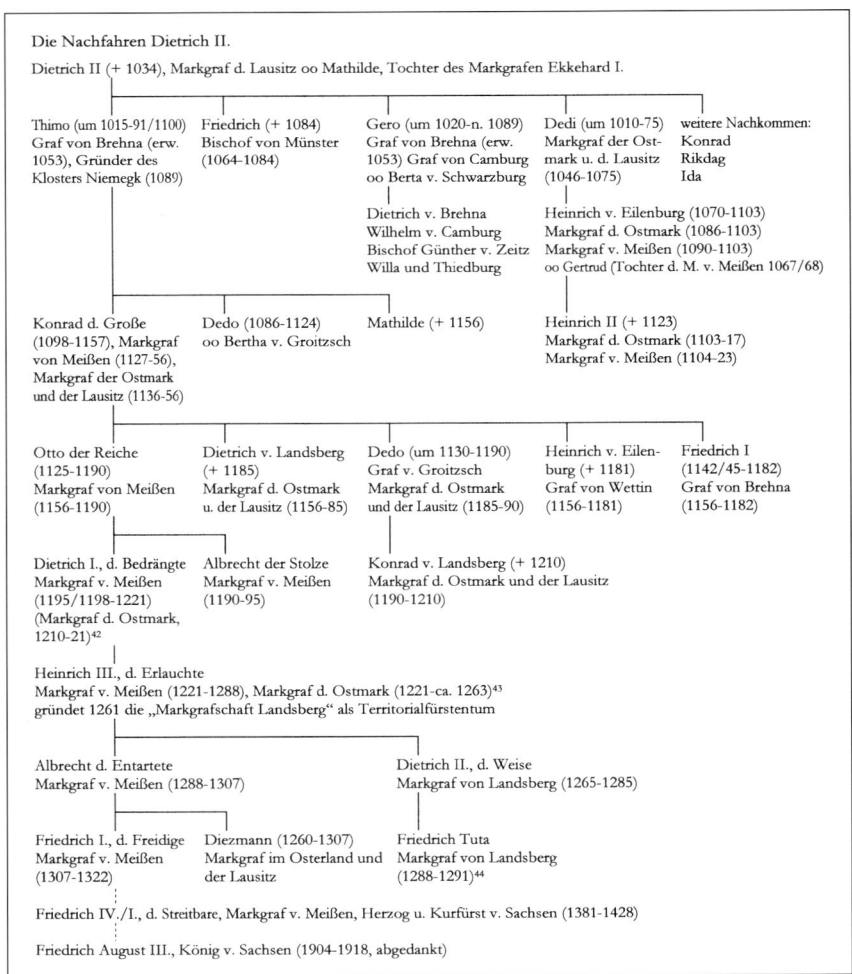

Die Nachfahren Dietrich II.

Dietrich II (+ 1034), Markgraf d. Lausitz oo Mathilde, Tochter des Markgrafen Ekkehard I.

Thimo (um 1015-91/1100) Graf von Brehna (erw. 1053), Gründer des Klosters Niemegk (1089)	Friedrich (+ 1084) Bischof von Münster (1064-1084)	Gero (um 1020-n. 1089) Graf von Brehna (erw. 1053) Graf von Camburg oo Berta v. Schwarzburg	Dedi (um 1010-75) Markgraf der Ostmark u. d. Lausitz (1046-1075)	weitere Nachkommen: Konrad Rikdag Ida

Dietrich v. Brehna
Wilhelm v. Camburg
Bischof Günther v. Zeitz
Willa und Thiedburg

Heinrich v. Eilenburg (1070-1103)
Markgraf d. Ostmark (1086-1103)
Markgraf v. Meißen (1090-1103)
oo Gertrud (Tochter d. M. v. Meißen 1067/68)

Konrad d. Große (1098-1157), Markgraf von Meißen (1127-56), Markgraf der Ostmark und der Lausitz (1136-56)	Dedo (1086-1124) oo Bertha v. Groitzsch	Mathilde (+ 1156)	Heinrich II (+ 1123) Markgraf d. Ostmark (1103-17) Markgraf v. Meißen (1104-23)

Otto der Reiche (1125-1190) Markgraf von Meißen (1156-1190)	Dietrich v. Landsberg (+ 1185) Markgraf d. Ostmark u. der Lausitz (1156-85)	Dedo (um 1130-1190) Graf v. Groitzsch Markgraf d. Ostmark und der Lausitz (1185-90)	Heinrich v. Eilenburg (+ 1181) Graf von Wettin (1156-1181)	Friedrich I (1142/45-1182) Graf von Brehna (1156-1182)

Dietrich I., d. Bedrängte Markgraf v. Meißen (1195/1198-1221) (Markgraf d. Ostmark, 1210-21)[42]	Albrecht der Stolze Markgraf v. Meißen (1190-95)	Konrad v. Landsberg (+ 1210) Markgraf d. Ostmark und der Lausitz (1190-1210)

Heinrich III., d. Erlauchte
Markgraf v. Meißen (1221-1288), Markgraf d. Ostmark (1221-ca. 1263)[43]
gründet 1261 die „Markgrafschaft Landsberg" als Territorialfürstentum

Albrecht d. Entartete Markgraf v. Meißen (1288-1307)	Dietrich II., d. Weise Markgraf von Landsberg (1265-1285)

Friedrich I., d. Freidige Markgraf v. Meißen (1307-1322)	Diezmann (1260-1307) Markgraf im Osterland und der Lausitz	Friedrich Tuta Markgraf von Landsberg (1288-1291)[44]

Friedrich IV./I., d. Streitbare, Markgraf v. Meißen, Herzog u. Kurfürst v. Sachsen (1381-1428)

Friedrich August III., König v. Sachsen (1904-1918, abgedankt)

Dedi (und dessen Nachkommen) einige Jahre gemieden wurde – unter Konrad dem Großen, vor allem aber unter dessen Sohn Dietrich von Landsberg und insbesondere unter seinem Enkel Konrad von Landsberg (Konrad II.) vorübergehend zu bemerkenswerter Bedeutung. Hier, auf dem Burgberg, bauten sie ihren Sitz als Markgrafen der Ostmark und der Lausitz aus. Von hier, vom Landsberg aus, regierten sie das Gebiet zwischen Saale und Oder. Von hier aus betrieben sie die Ostexpansion und besiedelten das Land.

Möglicherweise hatte bereits Konrad der Große (+1157) als Markgraf der Ostmark einen Sitz auf dem Landsberg, bevor er begann, seine Eigenburg in Wettin zu erbauen und auf dem frei werdenden Burgberg in Landsberg eine Kirche der Abtei Niemegk errichten ließ (dazu mehr im folgenden Kapitel). In einer Urkunde des Jahres 1145 wird er als „Markgraf Conrad zu Landsberg" bezeichnet[45].

Als Erbauer der Burg auf dem Landsberg gilt Markgraf Dietrich von Landsberg (+1185)[46]. Als Markgraf der Ostmark und der Lausitz galt sein Augenmerk insbesondere der Machtkonsolidierung in den Ostgebieten. Um die Kolonisierung der Lausitz abzusichern, gründete Markgraf Dietrich von Landsberg 1165 das erste Kloster in der Lausitz – das Kloster Dobrilugk (heute Doberlug-Kirchhain). Es ist im 12. Jahrhundert das am

---

40 Die Autoren folgen der Darstellung der Lauterberger Stiftschronik (Kirsch: Chronik, a.a.O., S. 15 und 234). Die mittelalterlichen Darstellungen zur Einsetzung Konrads als Markgraf von Meißen sind allerdings widersprüchlich. Zur Diskussion um diese Frage siehe Pätzold: Herrschaft zwischen Saale und Elbe, a.a.O., S. 18ff.

41 Zu Konrad dem Großen siehe v.a. Schlenker, Gerlinde: Konrad I. (um 1098 bis 1157). Markgraf von Meißen und der sächsischen Ostmark, Halle 2007 sowie Landesheimatbund Sachsen-Anhalt (Hrsg.): Konrad von Wettin und seine Zeit. Halle 1999.

42 Nach 1210 gab es keinen eigenständigen Markgrafen der Lausitz mehr.

43 Heinrich der Erlauchte urkundete am 5.1.1263 letztmalig als „Markgraf von Meißen und der Ostmark".

44 Das 1261 gegründete Territorialfürstentum „Markgrafschaft Landsberg" bestand nur bis 1291. Es zerfiel unter mehrere Lehnsherren. Teile der „Markgrafschaft Landsberg", v.a. der mit dem Burgbezirk Landsberg verbundene „Markgrafentitel", wurden 1291 an den Askanier Otto von Brandenburg verkauft und die Markgrafen von Brandenburg trugen fortan zusätzlich den Titel „Markgraf von Landsberg".

45 Schultes, Ludwig August: Directorium diplomaticum oder chronologisch geordnete Auszüge von sämtlichen über die Geschichte Obersachsens vorhandenen Urkunden. Altenburg; Rudolstadt 1821–25, Band 1; Heft 1822, Nr. 191.

46 Der Chronist vom Petersberg bezeichnet Dietrich von Landsberg als den Erbauer der Burg Landsberg (siehe Kirsch: Chronik, S. 62). Nach Ansicht der Autoren baute er seine Burg auf den Resten einer älteren Burg, die zwischenzeitlich zum Kloster umgewidmet war (siehe folgendes Kapitel).

Konrad der Große, Ausschnitt aus dem „Dresdener Fürstenzug" (Wilhelm Walter, 1872, 1906/07 übertragen auf Meißner Porzellanfliesen).

Eckmaske an einer Säule in der Landsberger Doppelkapelle, vermutlich stellt sie Konrad von Landsberg dar.

weitesten im Osten gelegene Kloster[47]. Markgraf Dietrich von Landsberg ist uns aber auch als Ortsgründer bekannt. 1170 legte er den Grundstein für die Stadt Schildau (15 km östlich von Eilenburg). Der Ort wurde zum Ausgangspunkt für die Erschließung des in der Nähe liegenden Waldgebietes „Scoldoch" (vermutlich Namensgeber für den Ort). Er war „Mittelpunkt der wirtschaftlichen Verwaltung und zunehmend Handelsplatz für eine Reihe neu entstandener Dörfer"[48]. Bereits Markgraf Dietrich soll 1178 Köpenick (den Hauptort und die Burg der Sprewanen) eingenommen und damit seinen Einflussbereich im Norden bis über die Spree hinaus ausgedehnt haben. Sicher überliefert ist dies allerdings erst für seinen Neffen, den Markgrafen der Ostmark, Konrad von Landsberg (+1210).

Unter Konrad von Landsberg erlebte Landsberg zweifelsohne eine Blütezeit. Er war ein Enkel Konrad des Großen. Markgraf der Ostmark

47 Dietrichs Bruder Otto der Reiche, der Markgraf von Meißen, gründet 1162/1175 das Kloster Altzella bei Nossen und im Fläming entstehen 1170 das Kloster Zinna und 1180 das Kloster Lehnin, gegründet durch den Erzbischof von Magdeburg bzw. den Markgrafen von Brandenburg.

48 Siehe http://www.stadt-schildau.de/html/stadt.html (22.4.2008).

Markgraf Konrad von Landsberg urkundet 1209 in Köpenick (Erst-erwähnungsurkunde Köpenicks, Vorlage und Repro siehe Anmerkung 49).

Spreegau, um 1200.

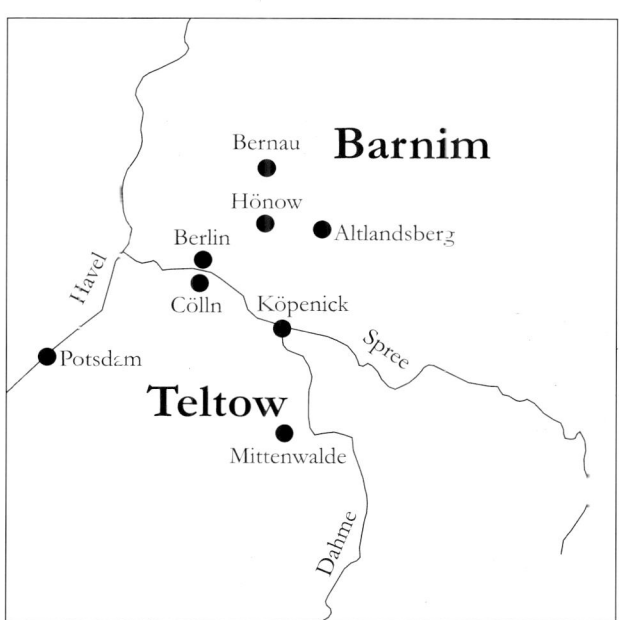

und der Lausitz wurde Konrad 1190, nach dem Tode seines Vaters, Dedo von Groitzsch, der 1185 die Nachfolge seines Bruders, Dietrich von Landsberg, als Markgraf angetreten hatte. Durch militärische Eroberungen aber auch durch geschickte Diplomatie und Heiratspolitik versuchte Markgraf Konrad von Landsberg seinen Machtbereich nach Norden und Osten auszudehnen.

Eine Urkunde Konrads von Landsberg aus dem Jahre 1209 belegt seine Herrschaft über Köpenick[49].

Mit Köpenick hatte Konrad II. die Kontrolle über den Spreeübergang, den damals einzigen Zugang von Süden zum Land nördlich der Spree. Von dieser strategisch ausgesprochen wichtigen Position aus versuchten Markgraf Konrad und seine Nachfolger (die meißnischen Markgrafen Dietrich der Bedrängte und Heinrich der Erlauchte, die ab 1210 bzw. 1221 zugleich auch Markgrafen der Ostmark waren) ihr Herrschaftsgebiet nach Norden zu erweitern. Neben Köpenick sind für Anfang des 13. Jahrhunderts Befestigungen der Wettiner in Mittenwalde, Altlandsberg und

49 Das Original befindet sich im Sächsisches Staatsarchiv, Hauptstaatsarchiv Dresden, Bestand 10.001 (Ältere Urkunden) Nr. 168. Markgraf Konrad überträgt dem Marienkloster Buch die Pfarre in Hohenkirchen (südlich von Wechselburg/Zschillen), (Übersetzung von Prof. Wolfgang Kirsch, 3.7.2008)

Hönow nachgewiesen[50]. Zumindest Altlandsberg[51] wird durch Konrad von Landsberg angelegt worden sein. Erst mit der Niederlage Heinrich des Erlauchten (Markgraf von Meißen und Markgraf der Ostmark ab 1221, +1288) im sechsjährigen Teltow-Krieg gegen die askanischen Brüder Johann I. und Otto III. (Enkel Konrads von Landsberg) verloren die Wettiner 1245 das Gebiet um Köpenick dauerhaft an die Mark Brandenburg.

Konrad von Landsberg hat seinen Machtbereich von Köpenick aus nicht weiter nach Norden, in das Gebiet des Markgrafen von Brandenburg ausgedehnt. Vermutlich ist die Heirat seiner Tochter Mathilde (1185–1225) mit Markgraf Albrecht II. (um/nach 1150–1220, ab 1205 Markgraf von Brandenburg) im Jahre 1205 Ausdruck einer politischen Übereinkunft, in der die beiden Markgrafen ihre Einflusssphären voneinander abgrenzten. Allerdings nutzte Konrad II. Köpenick als strategischen Ausgangspunkt für eine Expansion in Richtung Polen.

Territoriale Auseinandersetzungen mit ihrem östlichen Nachbarn bestimmten seit über 200 Jahren die Politik der Markgrafen der Ostmark und der Lausitz. Immer wieder mussten Territorien der Mark Lausitz zurückerobert werden und im 11. Jahrhundert waren die Piasten zeitweise sogar mit der Mark Lausitz belehnt. Die Sicherung und Erweiterung der Ostgebiete war sowohl für Dietrich von Landsberg als auch für Konrad II. eine Aufgabe von hoher Priorität. Beide waren wichtige Stützen der deutschen Ostexpansion. Die Methoden waren vielfältig. Sowohl Dietrich als auch Konrad verbanden sich durch Heirat mit dem polnischen Herrscherhaus. Dietrich von Landsberg ehelichte Dobergana (1128 – nach 1147), eine Tochter des Polenkönigs Boleslaw III. (1085–1138). Konrad II. heiratete Elisabeth (um 1152–1209), eine Tochter des polnischen Herzogs Mieszko III. (1126–1202, Bruder der Dobergana) und Witwe des Herzogs Sobieslaw II. von Böhmen (+1180). Dietrich von Landsberg errichtete – wie bereits erwähnt – 1165 mitten in der Lausitz das Kloster Dobrilugk und sicherte auf diese Weise die Kolonisation des Gebietes ab. Von Konrad II. ist überliefert, dass er 1209 die Burg und damit das Umland von Lebus, einen polnischen Vorposten westlich der Oder, eroberte[52]. Allerdings konnte Konrad II., der 1210 verstarb, das Gebiet nicht dauerhaft sichern. Um 1250 verlor die polnisch-piastische Dynastie Lebus an die Mark Brandenburg (Entstehung der „Neumark").

Wenngleich Markgraf Konrad von Landsberg bestrebt war, seine Machtpositionen nach Norden und Osten zu erweitern, so lag der Mittelpunkt seines Wirkens doch vor allem im Gebiet um Landsberg. Eine Vorstellung von diesem Raum und den damaligen Herrschaftsstrukturen

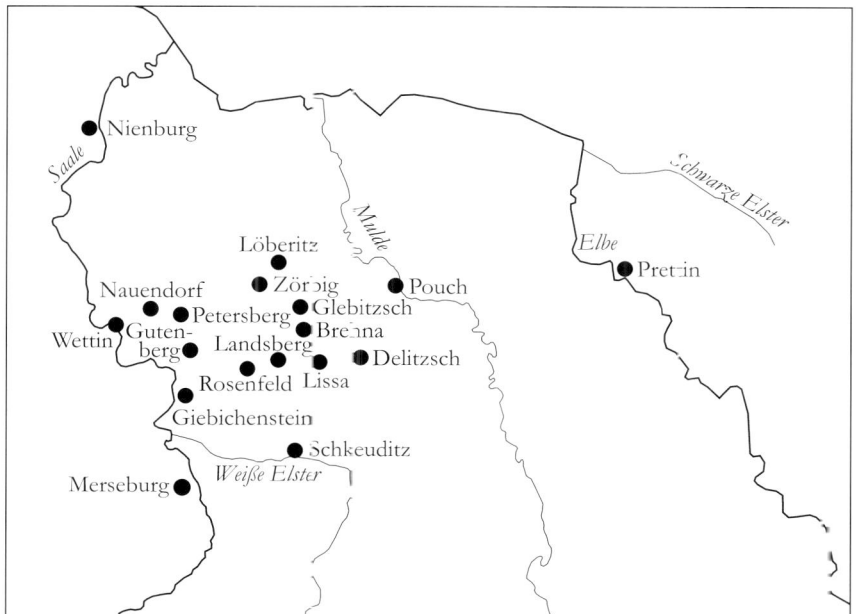

Herkunftsorte der auf einer Urkunde des Markgrafen der Ostmark 1207 genannten Zeugen.

vermittelt uns eine Urkunde von 1207. Sie ist auf dem Landding in Delitzsch ausgestellt. Der Graf von Brehna (Friedrich II., 1203–1221) übereignet dem Kloster auf dem Lauterberg (Petersberg) 14 Hufen in Nauendorf (ca. 4 km westlich von Petersberg) und die Kirche des Dorfes[53]. Der beurkundete Rechtsakt ist ein Fall für die höhere Gerichtsbarkeit. Konrad steht als Markgraf der Ostmark diesem Landgericht vor (Markgrafengericht)[54]. Seine Gerichtsstätte, d. h. der Gerichtsort des Markgrafen, ist

---

50 Siehe u. a. http://de.wikipedia.org/wiki/Teltow-Krieg_und_Magdeburger_Krieg #cite_note–1 (23.4.2008).

51 Der Ort hieß einst Jabel, der Name „Altlandsberg" deutet auf die Beziehung zu dem bei Halle/Saale gelegenen Landsberg, dem Sitz des Markgrafen der Ostmark, hin.

52 Eine Schilderung des Kampfes gegen Wladislaw III. (1161–1231, Herzog von Polen 1202–06 und 1228/29) ist in der Chronik vom Petersberg überliefert (siehe Kirsch: Chronik, a.a.O., S. 100). Wladislaw III. war ein Sohn Mieszko III. und Bruder von Konrads Frau Elisabeth – also Konrads Schwager.

53 Der Vorgang ist auch in der Chronik vom Petersberg belegt. Siehe Kirsch: Chronik, a.a.O., S. 95.

54 „Der Markgraf hält aus eigener Vollmacht Gericht im Abstand von sechs Wochen", Schott, Sachsenspiegel, a.a.O., S. 212 (Landrecht, Drittes Buch, § 65).

Delitzsch[55]. Der zuständige Bischof ist Dietrich, der Bischof von Merseburg (+1215)[56]. Er unterzeichnet als erster Zeuge. Es folgen über 20 weitere Unterzeichner. Die Herkunftsorte dieser Zeugen umreißen das Territorium, in dem der Spruch des Markgrafen der Ostmark (der Markgrafenbann) galt. Genannt werden: Giebichenstein, Glebitzsch, Gutenberg, Landsberg, Lissa, Löberitz, Merseburg, Nienburg, Pouch, Prettin, Rosenfeld, Schkeuditz, Wettin, Zörbig.

Inmitten dieses Territoriums stand auf dem Landsberg Konrads Burg. Als Markgraf war er der örtliche Statthalter des Kaisers. Aus diesem Selbstverständnis heraus ließ Konrad von Landsberg die Kapelle seiner Burg ab 1195 nach dem Vorbild der kaiserlichen Burgen in Nürnberg und Eger zur Doppelkapelle umgestalten (siehe folgendes Kapitel). Das romanisch schlichte, dennoch kunstvolle und in seinen Maßen klar durchgestaltete Bauwerk mit seinen prächtigen Kapitellen und dem eindrucksvollen Türbogenfeld über dem Nordportal zeugt noch heute von der Blüte Landsbergs zur Zeit Konrad II. Hier, unweit des Landsberges, stand auf dem Lauterberg das Hauskloster der Wettiner. Es war Konrad von Landsberg, der ab 1190 bis zu seinem Tode 1210 das Amt des Stiftsvogts dieses Klosters ausübte. Sein Großvater, Konrad der Große, hatte für dieses Amt den jeweils Ältesten seiner Nachfolger bestimmt[57]. Der Älteste im Hause Wettin war nach dem Tode Otto des Reichen (1190) Konrad II. – also der Markgraf der Ostmark und nicht der Markgraf von Meißen. Im „Chronicon montis sereni", das die Ereignisse bis 1220 beinhaltet und dabei besonders auf die Aktivitäten der Stifterfamilie eingeht, tritt die Bedeutung der Markgrafen von Landsberg deutlich zutage. Der Chronist erzählt, wie Konrad (Markgraf von Landsberg) die Ereignisse ab 1190 entscheidend bestimmte, während Dietrich der Bedrängte (Markgraf von Meißen) nur eine untergeordnete Rolle spielte. Er schildert im Zusammenhang mit innerklösterlichen Auseinandersetzungen anschaulich, wie Markgraf Konrad sich gegen Einmischungsversuche des meißnischen Markgrafen Dietrich durchsetzte[58].

Landsberg war demnach zu jener Zeit keine „Nebenburg" zu Meißen und die Markgrafen von Landsberg waren keineswegs eine „unbedeutende Nebenlinie" des Hauses Wettin. Konrad von Landsberg war „Ältester", also das Familienoberhaupt, und für kurze Zeit sogar der ranghöchste Fürst in der Familie, als Kaiser Heinrich VI. (+1197) nach dem Tode Albrecht des Stolzen (+1195) die Mark Meißen einbehielt und nicht Dietrich den Bedrängten belehnte. Erst unter Philipp von Schwaben erhielt Dietrich der Bedrängte im Jahre 1198 die Mark Meißen. Stand der „Markgraf von Meißen" vor 1195 auf Urkunden stets an erster Stelle unter den Mark-

Landsberg, Oberkapelle.

55 Die Gerichtsstätte des Grafen von Brehna ist die Mettine bei Quetzdölsdorf.
56 Der Bischof ist ein Cousin Konrads, der illegitime Sohn seines Onkels, Markgraf Dietrich von Landsberg.
57 Vgl. Kirsch: Chronik, a.a.O., S. 39.
58 Ebenda, S. 96f.

grafen im sächsischen Raum, so findet man zwischen 1195 und 1210 an dieser Stelle den „marchio orientalis"[59].

Mit dem Tode Konrads von Landsberg im Jahre 1210 änderte sich die innerwettinische Hierarchie grundlegend. Konrad verstarb, ohne männliche Erben zu hinterlassen. Von den fünf wettinischen Linien gab es nur noch zwei: die Markgrafen von Meißen und die Grafen von Brehna (wenn man den unmündigen Grafen von Wettin nicht berücksichtigt, der bereits 1217 starb). Mit der Ostmark wurde Markgraf Dietrich von Meißen belehnt. Einen Rechtsanspruch hatte der Wettiner auf dieses Amt allerdings nicht. Vielmehr sorgten viel Geld[60] und machtpolitische Interessen für Dietrichs Belehnung. Zwar war der offene Bürgerkrieg nach dem Tode König Philipps beendet, aber noch war die Macht Kaiser Otto IV. instabil. Durch die Übertragung der Ostmark an Dietrich von Meißen gewann Otto IV. in Dietrich einen Verbündeten[61]. Die Belehnung Dietrichs mit der Ostmark erfolgte in der Burg Landsberg durch den Truchsess Gunzelin[62], vermutlich vor dem Altar der Oberkapelle.

Dietrich der Bedrängte war nun Markgraf von Meißen und Markgraf der Ostmark, zu der inzwischen die Lausitz gehörte. Nach über 50 Jahren waren die drei Markenterritorien wieder in der Hand eines Wettiners vereint. Dietrichs Sohn, Heinrich der Erlauchte (+1288) führte ab 1263 nicht mehr den Titel „Markgraf der Ostmark". Er gründete 1261 die „Markgrafschaft Landsberg", die nun kein kaiserliches Lehen, sondern ein Territorialfürstentum war, das Heinrich der Erlauchte einem seiner Söhne übertrug.

Auf dem Wege zum Königreich Sachsen (1806–1918) verschob sich das Zentrum des wettinischen Herrschaftsgebietes in das Gebiet der Mark Meißen und schließlich wurde Dresden die Residenz- bzw. Hauptstadt des Kurfürstentums und späteren Königreiches. Die Region um Landsberg, Zörbig, Wettin, Eilenburg, Petersberg oder Brehna, von der aus der Aufstieg der „Wettiner" begonnen hatte, verlor für sie an Bedeutung. Die Ostmark, noch bis 1210 als Kaiserlehen der Mark Meißen ebenbürtig, verkam im Laufe dieses Prozesses tatsächlich zu einem „Nebenfürstentum" des Hauses Wettin („Markgrafschaft Landsberg", 1261–1291), wurde zerteilt und fiel 1291 als „Rumpfstück" mit der Burg Landsberg an die Askanier („Fürstentum Landsberg", 1291–1350), kam 1347 zurück an die Markgrafen von Meißen, die das Gebiet dem Distrikt Delitzsch eingliederten. Die Burg Landsberg wurde nach 1210 de facto zu einer „Nebenburg" und war ab 1350 lediglich noch eine der Burgen im „districtus Delitzsch". 1514 wurde sie geschleift. Die „Markgrafen der Ostmark" sanken zu einer unbedeutenden „Nebenlinie" der Wettiner herab.

Der Aufstieg der Wettiner – welch Ironie der Geschichte – brachte letztlich den völligen Bedeutungsverlust der Ostmark und der Lausitz, jener Gebiete, für die Ekkehard II. einst Dietrich II. ermorden ließ. Der Ort der Bluttat verschwand aus den Geschichtsbüchern und seine einstige Größe geriet in Vergessenheit.

59 Ein Beispiel: In einer Urkunde von 1202 nimmt König Philipp das Kloster auf dem Lauterberg in seinen Schutz. In der Zeugenreihe folgen auf den Herzog von Sachsen Konrad, marchio orientalis, und sein Bruder, Graf Dietrich (von Sommerschenburg). Erst danach wird Dietrich, marchio Missnensis, aufgeführt (CDSR I; 3, Nr. 57, 22. Januar 1202).

60 „Markgraf Dietrich von Meißen erkaufte die Ostmark vom Kaiser für 15000 Mark; davon bezahlte er 10000 Mark" (Kirsch: Chronik, a.a.O., S. 106, betr. 1210).

61 Am 20. März 1212 schlossen Kaiser Otto und Dietrich von Meißen einen Bündnisvertrag. Darin versprach Markgrafen Dietrich dem Kaiser beizustehen, besonders gegen Papst Innozenz, gegen König Ottokar von Böhmen und gegen den Landgrafen Hermann von Thüringen (Codex Diplomaticus Saxoniae Regiae [CDSR] I; 3, Nr. 163, 20. März 1212).

62 CDSR I; 3, Nr. 153, 1210.

Vergebung für die Väter –
das „Sühnekloster" Niemegk-Landsberg

Die Stiftung Niemegk[63] ist, so erzählt die Sage, ein „Sühnekloster" Thimos, der in seiner Jugend einen Jüngling, der ihn im Wettstreit besiegt hatte, im Jahr darauf mit dem Schwert niederstach[64]. Einer anderen Variante zufolge hatte sich „Thimo I. […] des vermeintlichen Mörders[65] seines Vaters [Dietrich II. – K.M.] bemächtigt. Auf das grausamste übte er Rache, indem er ihn mit dem Kopf nach unten zwischen zwei Bluthunden an den Beinen aufhängte. Diese zerbissen den Wehrlosen."[66]

In beiden Varianten der Gründungslegende ist es eine in maßlosem Zorn begangene Tat, für die Thimo mit der Stiftung Buße tut. Es ist durchaus denkbar, dass tatsächlich eines der Motive Thimos für diese Klostergründung war, Sühne für den Racheakt an dem Mörder seines Vaters zu leisten.

Die Gründung des Klosters soll am Ende von Thimos Leben erfolgt sein, um das Jahr 1089.

Die Niemegker Stiftung war relativ bescheiden ausgestattet. Sie umfasste gut 70 Hufen: je etwa 20 in den drei Burgwarden Brehna, Zörbig und Wettin sowie ca. 10 Hufen in dem heute wüsten Ort Altdorf, der zwischen Landsberg und Hohenturm lag[67].

Obgleich so gering, spielt diese Stiftung doch in den diplomatischen Aktionen Konrads des Großen und seiner Familie eine erstaunliche Rolle. Um die Mitte des 12. Jahrhunderts geriet sie in den Mittelpunkt von Aktivitäten, die einen interessanten Bezug zu Landsberg aufweisen.

1136 verlieh der Kaiser Konrad dem Großen die Sächsische Ostmark. Er war nun der für Landsberg zuständige Markgraf. Im selben Jahr ließ Konrad die Stiftung seiner Eltern in Niemegk zur Abtei erheben[68].

Konrad muss eine besondere Beziehung zu dieser Stiftung seiner Eltern gehabt haben. Es spricht einiges dafür, dass er in diesem kleinen Konvent seine Kinderjahre verlebte und seine prägende Erziehung erfuhr.[69] Möglicherweise erklärt sich dadurch die besondere Unterstützung, die Konrad dem Niemegker Kloster angedeihen ließ, obgleich er doch inzwischen ein neues „Hauskloster" für seine Familie auf dem Lauterberg errichtet hatte. Bereits wenige Jahre später, 1150, wurde die einstige Stiftung Niemegk dann tatsächlich dem Stift St. Peter auf dem Lauterberg inkorporiert. Die Übertragung erfolgte dem Lauterberger Chronisten zufolge

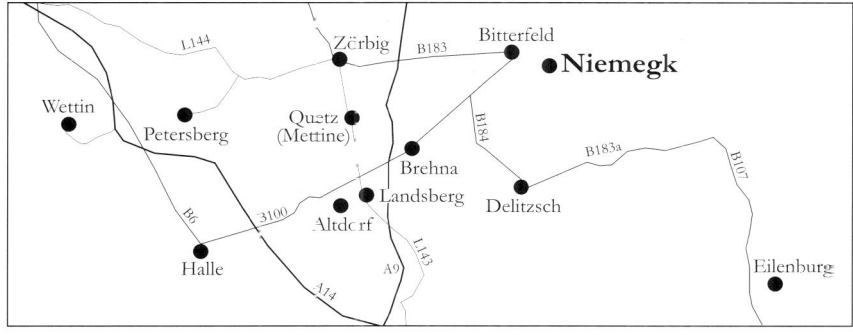

Lage von Niemegk.

weil „sich dieses Stift aufgrund der Dürftigkeit seines Besitzes nicht halten könne"[70]. Nach Konrads Tod entwickelte sein Sohn Dietrich, inzwischen Markgraf der Ostmark, erstaunliche Aktivitäten, um in den Besitz der „Türme" der Niemegker Stiftskirche zu gelangen. 1161 erwarb Markgraf Dietrich von den Lauterberger Chorherren „das Dorf Niemegk mit der

63 Der Ort lag in der Nähe von Bitterfeld. Er fiel 1978/80 dem Braunkohlenabbau zum Opfer.

64 Die Sage wurde von Lothar Herbst auf der Grundlage einer Überlieferung in den Altzeller Annalen niedergeschrieben (Herbst, Lothar: Das Sühnekloster. In: „Terra Ei" Heimatsagen aus dem Landkreis Bitterfeld. Bitterfeld 1995, S. 43–45).

65 Der von Ekkehard II. gedungene Mörder.

66 Schlenker, Gerlinde u.a.: Auf den Spuren der Wettiner in Sachsen-Anhalt. Halle 1998, S. 202.

67 Detaillierte Angaben bei Pätzold: Die frühen Wettiner, a.a.O., S. 123f.

68 Kirsch: Chronik, a.a.O., S. 24f.

69 Konrad war der zweitgeborener Sohn und hat sehr wahrscheinlich eine Ausbildung für den geistlichen Stand erhalten. In einer Urkunde von 1116 wird der junge Konrad als „der fromme Graf, Konrad aus Wettin" („comes religiosus Cunradus de Witin") bezeichnet (CDSR I; 2, Nr. 50 (1116), nach Pätzold: Die frühen Wettiner, a.a.O., S. 32, Anmerkung 171.).

70 Kirsch: Chronik, a.a.C., S. 32 (1150). Allerdings kann wohl angenommen werden, dass Konrad die Mittel besessen hätte, dem abzuhelfen. Die Übertragung in das Lauterberger Stift muss einen anderen Hintergrund gehabt haben. Die Erhebung der Stiftung zur Abtei im Jahre 1136 setzt eine großzügigere Ausstattung des Klosters voraus. Wahrscheinlich übertrug Konrad der Abtei Güter aus seinem Markgrafendrittel, verschenkt also Reichsgut, was seiner Stellung als Statthalter des Königs nicht zukam. Doch der Kaiser war zu jener Zeit schwach. 1137 verstarb Kaiser Lothar. Den Staufern Konrad III. (1137–1152) und Friedrich I. Barbarossa (1152–1190) gelang es, die Zentralgewalt wieder zu festigen. Die unrechtmäßige Schenkung wurde rückgängig gemacht. Das Reichsgut musste Konrad zurückgeben und das Eigengut des Klosters ging als „parochie Niemegk" in den Besitz des Augustiner-Chorherrenstifts auf dem Petersberg über.

grossen und kleinen Kirche" im Tausch gegen die Parochie Eilenburg, die Eilenburger Burgkapelle und weitere Besitzungen[71]. Bemerkenswert ist, dass es Dietrich bei diesem ungleichen Tausch offenbar eigentlich nur um die „Türme" ging. „Das Dorf Niemegk mit seinen Pfarreien"[72], so heißt es, „erstattet er allerdings als Zehnten dem heiligen Petrus zurück, ausgenommen die Türme der großen Kirche"[73] („exceptis turribus maioris ecclesie").

Diese „ecclesia maior" mit ihren „Türmen" gibt Rätsel auf. Als 1150 die Stiftung Niemegk dem Lauterberger Kloster übertragen wurde, ist nur von einer Kirche die Rede: der „ecclesia Numicensis"[74]. Ausgrabungen im Jahre 1979 haben nachgewiesen, dass die Niemegker Dorfkirche die einstige Stiftskirche gewesen sein muss, dass sie aber im 12. Jahrhundert keine Türme hatte, nicht einmal einen Westturm[75].

Wo also stand die „große Kirche", die Türme hatte? Warum war es für Markgraf Dietrich so wichtig, diese „Türme" zu besitzen?

Markgraf Dietrich ist uns als Erbauer der Burg Landsberg überliefert. Er ließ – so heißt es – diese Burg um 1170 errichten[76]. Schuf er mit dem Tausch von 1161 die Voraussetzung für den Neubau der Burg Landsberg?

71 CDSR I 2, Nr. 298 (31. April 1161). Siehe auch Kirsch: Chronik, a.a.O., S. 60f. (betr. 1184) sowie Pätzold: Die frühen Wettiner, a.a.O., S. 159 und 162.

72 Zwei Pfarreien in einem so kleinen Ort sind eigentlich undenkbar. Allerdings gab es tatsächlich zwei Kirchen in Niemegk. Eine im 16. Jahrhundert „wüste Capella", die auch als Lukaskirche bezeichnet wurde, und die bis 1980 erhalten gebliebene Kirche, die den Aposteln Petrus und Paul geweiht war (An der Kirche fanden sich noch Reste der ehemaligen Klosterkirche (vgl. Schuppan U. und R.: Aus der Geschichte des Ortes Niemegk. Dessau 1998, S. 8 und 10f.).

73 Kirsch: Chronik, a.a.O., S. 61. (1184). Korrektur der Übersetzung durch W. Kirsch mit Schreiben vom 14.10.2007. (Sowohl in der Urkunde von 1161 als auch in der Chronik vom Petersberg steht „turribus", d. h. „Türme". Nach Auskunft von Wolfgang Kirsch heißt es in vier der fünf überlieferten Handschriften dieser Chronik „turribus". Die Übersetzung „Höfe", die alle bisherigen Editoren anbieten, rührt daher, dass in der Göttinger Handschrift „eine zweite, korrigierende Hand" curtibus [Höfe] ergänzt hat.)

74 Vgl. Pätzold: Die frühen Wettiner, a.a.O., S. 162 (mit Hinweis auf CDSR I, 2, Nr. 262). Pätzold vermutet daher, „daß sich die zweite Kirche zu diesem Zeitpunkt noch im Bau befand". Oder blieb das zweite zur „Stiftung Niemegk" gehörende Kirchengebäude unerwähnt, weil es nicht in Niemegk stand?

75 Vgl. Schuppan: Niemegk a.a.O., S. 8, 11 und 20.

76 Vgl. Pätzold: Die frühen Wettiner, a.a.O., S. 143. In der Chronik vom Petersberg ist ein Baujahr aufgezeichnet worden, aber leider nicht mehr lesbar (vgl. Kirsch: Chronik, a.a.O., S. 62 [1184]). Allerdings errichtete Dietrich seine Burg keineswegs auf unbebautem Felsen. Auf dem Landsberg sind slawische Befestigungsanlagen nachgewiesen und auch in ottonischer, zumindest aber in salischer Zeit (als Markgraf Ekkehard II. als Ekkehard von Landsberg bezeichnet wurde) gab es hier bereits eine Burganlage.

Kirche von Niemegk, erbaut auf den Fundamenten der ehemaligen Klosterkirche (Postkarte, um 1930).

Hinweise am Baukörper der Landsberger Doppelkapelle deuten darauf hin, dass dieses Gebäude einen Vorgängerbau hat, der bereits stand, als Dietrich von Landsberg mit seinen Baumaßnahmen begann. Es ist anzunehmen, dass sein Vater, Konrad der Große, nach der Erhebung der Stiftung Niemegk zur Abtei 1136 deren Hauptkirche auf dem Landsberg erbauen ließ – dort, wo möglicherweise noch Reste der ersten deutschen Burg standen, die Markgraf Ekkehard II. als „Ekkehard von Landsberg" errichtet hatte. Wenn auf dem Landsberg tatsächlich eine Kirche stand, die (als Bestandteil der einstigen Rechtsgröße „Stiftung Niemegk") dem Chorherrenstift auf dem Petersberg gehörte, so musste Dietrich vor Beginn seines Burgenbaues die Eigentumsverhältnisse klären. Denkbar wäre demnach, dass die in der Urkunde von 1161 erwähnte „ecclesia maior" diese Kirche auf dem Landsberg war[77].

Der Erwerb der Türme der „ecclesia maior" muss für Markgraf Dietrich jedenfalls äußerst wichtig gewesen sein, bedenkt man, dass er dem Lauterberger Stift dafür die Pfarrei Eilenburg und die Eilenburger Burgkapelle mit mehreren Dörfern übertrug und ihm zudem die Niemegker „Pfarreien" überließ. Indem Dietrich lediglich die Türme der „ecclesia maior" für sich behielt, ließ er den Rechtsstatus der Stiftskirche unangetastet, dokumentierte jedoch mit dem Erwerb der Westturmanlage seinen Anspruch als Grundherr, so wie alle adligen Stifter, ob Kaiser, Fürst oder Graf im Westturm oder Westwerk ihren Herrschaftsanspruch darstellten.

Wenn aus einer Stiftskirche – Schritt für Schritt – wieder eine Eigenkirche (die Kapelle der Burg Landsberg) wurde, so war das religiöse Selbstverständnis der Zeit sicher erheblich verletzt. Dass eindeutige Belege für den Vorgang fehlen, sollte daher nicht verwundern. Streng genommen bleibt die Interpretation der Vorgänge von 1161 eine – begründete – Vermutung. Allerdings wird sie durch baugeschichtliche Beobachtungen gestützt: durch den ungewöhnlichen Standort der Kapelle auf dem Landsberg und durch Hinweise am Baukörper der Doppelkapelle. Es gibt eindeutige Anhaltspunkte dafür, dass die heutige Doppelkapelle einen Vorgängerbau gehabt hat: eine Basilika mit zwei Türmen.

Ausgesprochen merkwürdig ist allein schon der Standort der Kapelle in der durch Dietrich von Landsberg errichteten Burganlage: mitten im zweiten Burghof.

Als Burgkapelle kann dieses Bauwerk nicht konzipiert gewesen sein. Die Kapelle stand in der Mitte des zweiten Hofes, während Palas und Kemenate im dritten Burghof zu finden sind. Typisch für den Stil der staufischen Reichsburgen, dem Doppelkapellen zuzuordnen sind, ist jedoch

Modell der Burg Landsberg (erstellt 1985 von G. Sehmsdorf und G. George).

eine unmittelbare Verbindung zwischen Doppelkapelle und Palas bzw. Kemenate. In Eger und Nürnberg gibt es einen direkten Zugang von den Wohngemächern des Kaisers zur Kapelle. Die zentrale Lage der Landsberger Doppelkapelle auf dem Burgplateau könnte sich aus einer ursprünglichen Bestimmung als Stiftskirche der 1136 von Konrad dem Großen gegründeten Abtei erklären. Als solche war sie nicht – wie eine Burgkapelle – auf Palas oder Kemenate bezogen, sondern auf die umliegenden Abteigebäude.

Ebenso deutet der Baustil der Landsberger Doppelkapelle auf einen Vorgängerbau: eine dreischiffige Basilika mit zwei Westtürmen. Hauptschiff und Seitenschiff standen zueinander im „Goldenen Schnitt"; die Westturmanlage entsprach in ihren Abmessungen den beiden Seitenschiffen. Die Arkadenbögen ruhten auf einer einheitlichen Stützenreihe von drei Säulen mit wertvollen Kapitellen. Den starken Turmpfeilern

77 Wenn in den Quellen eine Kirche auf dem Landsberg unerwähnt bleibt und bei den Vorgängen 1161 der Name Landsberg völlig fehlt, so könnte sich dies dadurch erklären, daß die Abtei, mit der sich der Name Landsberg verbinden würde, aufgehoben und diese Aufhebung durchaus als „Makel" empfunden wurde. Möglicherweise ist darum stets von „Niemegk" die Rede, dem Ortsnamen, der sich mit dem Kloster verbindet.

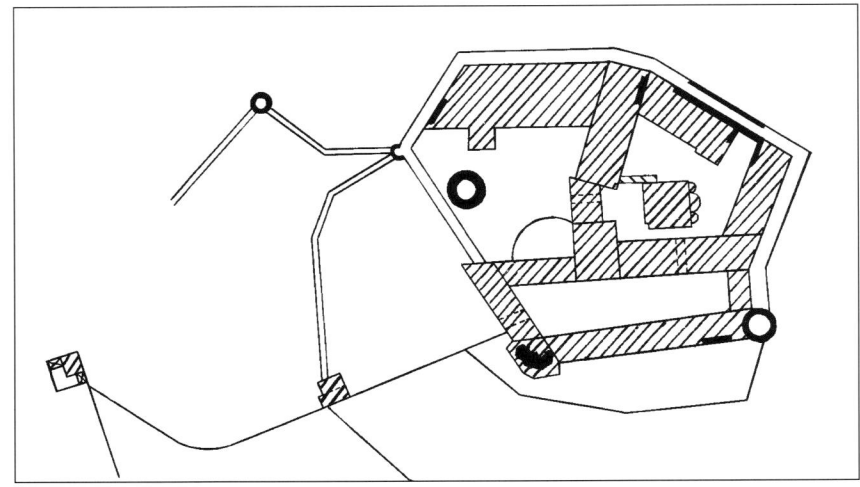

Grundriss der Burg Landsberg (G. George, 1988/1995).

entsprachen Halbpfeiler zwischen den Apsiden; Westturm und Apsiden waren architektonisch aufeinander abgestimmt. Das Nordportal schmückte ein kunstvolles Türbogenfeld und zur Westempore führte eine kleine Seitenpforte. In diesem Vorgängerbau kann die einstige Abteikirche vermutet werden.

Die Kirche hatte im Grundriss große Ähnlichkeit mit dem Erstbau auf dem Petersberg, der ebenfalls auf Konrad von Wettin zurückgeht: offene Turmhalle, einheitliche Stützenreihen, Fehlen von Querhaus und ausgeprägter Choranlage.

Diesen Kirchentyp findet man im apulischen Raum und auch das Motiv des Türbogenfeldes über dem Nordportal – „Christus erlöst die Väter aus der Vorhölle" – hat sein Vorbild in Süditalien, am Dom in Bitonto. Tatsächlich wissen wir, dass Konrad der Große im Jahre 1136 Kaiser Lothar auf einem Italienfeldzug begleitete. Er kann also vom dortigen Baustil inspiriert gewesen sein und hat sich möglicherweise Bauleute aus Italien mitgebracht.

Das Nordportal der Landsberger Doppelkapelle verdient besondere Aufmerksamkeit. Es wurde unverändert vom Vorgängerbau in den späteren Neubau übernommen. Die Darstellung auf dem Türbogenfeld über diesem Portal liefert einen wichtigen Hinweis auf die Motive seines Erbauers.

Das Tympanon ist eine feingliedrige Steinmetzarbeit mit einem sehr ungewöhnlichen ikonographischen Programm. Die Darstellung ist ein-

Rekonstruktionsentwurf des Vorgängerbaus auf der Grundlage des Doppelkapellen-Grundrisses (G. George, 1988).

malig für unseren Kulturraum, bisher lediglich in Apulien, am Dom in Bitonto, nachgewiesen. Auch wenn uns selber diese Bildaussage nicht vertraut ist, den mittelalterlichen Menschen trieb sie um. Worum geht es? Der Weltenrichter, Christus, sitzt im Strahlenkranz der von Engeln getragenen Mandorla auf dem Regenbogen. Aus der Tiefe des Raumes steigen zur rechten Seite drei Gestalten mit Stab in anbetender Haltung

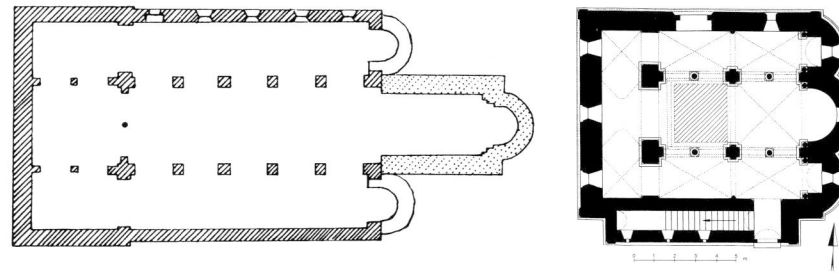

Grundriss der Stiftskirche auf dem Petersberg   und der   Landsberger Doppelkapelle
(G. George, 1988).

empor, zur linken Seite drei Gestalten mit Schriftband. Die Deutung als Heilige passt schwerlich zur belebten Bildersprache des Türbogenfeldes. Es sind, wie im vergleichbaren Türbogenfeld in Bitonto belegbar[78], die wandernden „Väter", die den Stab tragen und die Propheten mit den Schriftbändern, deren Geschick darin bestand, vor dem Heilswerk Christi gelebt zu haben und darum keine Erlösung aus der Vorhölle (dem Fegefeuer) erwirken zu können – es sei denn, Christus selbst steigt zu ihnen in die Hölle hinab, in das Reich des Todes.

Das Türbogenfeld ist eine Predigt in Stein und ein persönliches Glaubensbekenntnis des Erbauers. Es geht um die „Erlösung der Väter aus der

Tympanon am Dom in Bitonto.

Tympanon am Nordportal der Landsberger Doppelkapelle.

Vorhölle". Die nicht gesühnte Schuld wird zur schweren Last der Seele und es drohte unendliche Verdammnis. Für Markgraf Konrad den Großen gehörte dies zum religiösen Grundverständnis. In einem in Brehna 1142 ausgestellten Brief führt er genau diesen Gedanken, „die Entsühnung unserer[79] und unserer Vorfahren Seelen", als Motiv für die Übertragung der Abtei (Ober-)Elchingen an den Papst an[80].

Konrads Handeln war von dem Wunsch beseelt, die eigenen Väter und Kinder zu entsühnen. Dass er diese Kirche auf dem Landsberg errichten ließ – nachdem er Markgraf der Ostmark und der Lausitz geworden ist (also jenes Amt erlangte, das ihn zum Herren über Landsberg machte und für das sein Großvater ermordet worden war) – kann kaum Zufall sein.

War es sogar der „Schwagermord von Landsberg", der hier „gesühnt" werden sollte? Hinter dem mittelalterlichen Begriff „Sühne" für einen Mord stand die Vorstellung, dass das Opfer selbst bei vorbildlicher Lebens-

78 Willemsen, C.A.: Apulien. Kathedralen und Kastelle. DuMont Kunst-Reiseführer. S. 131.

79 Genannt werden: Konrad, seine Gemahlin Liutgard und seine Söhne Otto, Dietrich, Heinrich und Dedo.

80 Veröffentlicht in: Sehmsdorf, Gottfried: „Friede sei ihr erst Geläute ...' – Gedanken zur Stiftskirche auf dem Petersberg. In: Heimat-Jahrbuch Saalkreis 2007. Halle 2007, S. 61.

führung nicht in den Himmel kommen konnte, weil es ohne Beichte und ohne die Sterbesakramente gestorben war. Ohne eigene Schuld war es zum Fegefeuer verurteilt, wenn nicht durch „Sühne" dafür gesorgt wurde, das Opfer mit Gott zu versöhnen, es „aus der Vorhölle zu erlösen". Wollte Konrad mit dem Bau einer Kirche auf dem Landsberg die Stiftung seiner Eltern zu Ende führen, sie tatsächlich zu einem „Sühnekloster" erheben?

Die schriftlichen Überlieferungen um die Abtei Niemegk, baugeschichtliche Untersuchungen und vor allem auch das Bildprogramm auf dem Türbogenfeld über dem Nordportal – all dies deutet darauf hin, dass Konrad der Große (mit der Erhebung der elterlichen Stiftung Niemegk zur Abtei) hier, auf dem Landsberg, die „ecclesia maior" der Parochie Niemegk errichten ließ. Erst nachdem Dietrich, Markgraf der Ostmark und zweitältester Sohn Konrads, diese Parochie eingetauscht hatte, konnte er nach 1161 mit dem Neubau der Markgrafenburg auf dem Landsberg beginnen. Die Basilika, die ursprüngliche Stiftskirche der Abtei, blieb zunächst unberührt. Auch tastete Dietrich den Rechtsstand der Stiftskirche nicht an. Er dokumentierte lediglich mit dem Erwerb der Westturmanlage seinen Anspruch als Grundherr, so wie dies zur damaligen Zeit üblich war. Erst Dietrichs Bruder, Markgraf Dedo, ließ zwischen 1185 und 1190 die Abteikirche in eine Burgkapelle umwidmen und nahm erste bauliche Veränderungen vor. Er ist am Nordportal der Kapelle dargestellt[81].

Dedos Sohn, Konrad von Landsberg (+1210), der ab 1190 Markgraf der Ostmark war, ließ die ehemalige Basilika grundlegend umgestalten. Er erweiterte die ehemalige Stiftskirche entsprechend ihrer neuen Funktion als Burgkapelle einer Reichsburg nach dem Vorbild der kaiserlichen Burgen in Nürnberg und Eger zur Doppelkapelle[82].

Davon, dass sich nach 1190/95 die Rangfolge der Markgrafen im sächsischen Raum geändert hatte, dass nun Konrad von Landsberg der Älteste im Hause Wettin, der Vogt des Klosters auf dem Petersberg und

81 Dies ist zumindest sehr wahrscheinlich, zum einen wegen der Leibesfülle der dargestellten Person (Dedo ist uns als „Dedo der Feiste" überliefert), zum anderen, weil die Torpfosten am Nordportal nachträglich eingesetzt wurden. Um Dedos Abbild und das seiner Frau hier anzubringen, wurden eigens breite Pfosten in das ursprüngliche Portal eingefügt. Die völlig verwitterten Gestalten im unteren Drittel der Pfosten könnten die zwei Söhne dargestellt haben. Die beiden Türpfosten und ihre figürlichen Darstellungen passen in ihren Abmessungen nicht zum ursprünglichen Portal. Das Türbogenfeld erweist sich stilistisch und künstlerisch den Arbeiten an den Pfosten weit überlegen; bevor die Pfosten eingestellt wurden, ruhte es auf Kragsteinen. Die Innenleibung der Pfosten ist verziert. Die Art der Verzierung verweist auf Wechselburg, die Stiftskirche Dedos.

82 Siehe dazu ausführlich bei Sehmsdorf, Gottfried: Die Doppelkapelle auf der Burg Landsberg. Landsberg 1989, S. 18–26.

Nordportal der Landsberger Doppelkapelle, am linken der beiden nachträglich einge-
fügten Pfosten ließ sich vermutlich Markgraf Dedo abbilden.

Ostansicht der Doppelkapelle Landsberg.

zeitweise sogar der ranghöchste Fürst in der Familie gewesen ist, war bereits die Rede. Der Bau einer Doppelkapelle durch Konrad von Landsberg dokumentiert diese neue Rechtsstellung und ist Ausdruck seines Selbstverständnisses als Markgraf und Statthalter des Kaisers. Konrad ließ die Stiftskirche (unter Verwendung vorhandener Bausubstanz) zur

Herrschaftskirche umbauen. Die Basilika gestaltete er zum Zentralbau und zur Ständekirche. Zugleich wurde die Kapelle durch den Aufbau eines dritten Geschosses als letztem Zufluchtsort für die markgräfliche Familie stärker in die Funktion der Burg eingebunden[83].

Doppelkapellen sind eine deutsche Sonderform der Herrschaftskapellen und Ausdruck der hierarchischen Struktur der mittelalterlichen Gesellschaft in der Stauferzeit. Kennzeichnend ist das Übereinander von zwei Kapellen: der obere Kirchenraum der Herrscherschicht vorbehalten, während unten das Burgvolk zum Gottesdienst zusammentrat. Durch eine Öffnung in der Zwischendecke sind beide Kapellen räumlich und liturgisch miteinander verbunden. Das ermöglichte den gemeinsamen Gottesdienst aller Stände in einer Kapelle, bei gleichzeitiger Trennung von Fürsten und gemeinem Volk. Doppelkapellen findet man fast ausschließlich in den Kaiserpfalzen[34]. Für den Kaiser gab es in diesen Kapellen einen speziellen, vom Hofstaat abgehobenen Platz. In Nürnberg zeigt sich dieses Prinzip sehr ausgeprägt in der Existenz einer Kaiserempore an der Westseite des Raumes. In der Doppelkapelle der Kaiserpfalz Eger fehlt die Westempore. Der Sitzplatz des Kaisers befand sich im erhöhten, abgesonderten Presbyterium, rechter Hand vom Altar, gekennzeichnet durch eine Säule aus Alabaster[85]. Das Gegenüber von Thron und Altar (im Osten der Chorraum, während Kaiser, Fürst oder Graf im Westturm

83 Dieses Obergeschoß wird in früheren baugeschichtlichen Darstellungen als späterer Aufbau und als „Kaplanswohnung" beschrieben. Dabei hat gerade die Forschung der letzten Jahrzehnte deutlich gemacht, wie sehr in der Romanik Kirchen als „Gottesburgen" anzusprechen sind. Das dritte Geschoß weist alle Merkmale auf, die für einen letzten Zufluchtsort kennzeichnend sind: es war gut zu verteidigen (z.B. Pechnase über dem Südportal), es hatte einen Kaminraum und Aborterker, und die Mauerstärke ist nicht geringer als in den unteren Gebäudeteilen. Zudem belegt der verwendete uneinheitliche Backstein, daß der Treppenanbau und das dritte Geschoß dem Umbauvorgang von 1195 zuzuordnen sind. Dieser Backstein ist in seinen Abmessungen sehr unterschiedlich, weil er nicht in Kästen geformt, sondern frei aus dem ausgerollten Tonbrei geschnitten wurde. Nach 1200 war diese Herstellungstechnik nicht mehr gebräuchlich („Kurz vor 1200 geht man dann zu einheitlichen Größen von etwa 24:10 :6,6 bis 30:12:8 cm." Reallexikon zur deutschen Kunstgeschichte Bd. I; S. 1340.)

84 Die Pfalzkapellen „gehören oft dem Typus der Doppelkapellen an, die bis 1170 nur von den Königen selbst und den Bischöfen, die die Herrscher oft als Gast bei sich hatten, errichtet wurden." Arens, Fritz: Die staufischen Königspfalzen. In: Die Zeit der Staufer. (Ausstellung Stuttgart 1977), Bd. 3, Stuttgart 1977, S. 130.

85 „Im Chorraum öffnet sich nach Süden zu eine Doppelarkade, deren alabasterne Mittelsäule einen gemusterten Schaft besitzt: eines der schönsten Werkstücke staufischer Steinmetze! Hier befand sich die Kaiserloge." Hotz, Walter: Kleine Kunstgeschichte der deutschen Burg. Darmstadt 1965, S. 105.

Die Landsberger „Blutsäule", rechter Hand vom Altar.

oder Westwerk ihren Herrschaftsanspruch darstellen) das vierhundert Jahre hindurch mittelalterliches Denken beherrscht und die Architektur bestimmt hat, ist in Eger aufgegeben worden. Thron und Altar verschmelzen zu einer Einheit; kaiserliche Macht wird unmittelbar von göttlicher Macht abgeleitet, ohne Vermittlung der Kirche. Die Landsberger Doppelkapelle hat ihr Vorbild in Eger. In Entsprechung zu Eger finden wir rechter Hand vom Altar die rötlich schimmernde Marmorsäule mit dem erhabensten Kapitell. Es handelt sich um eine antike Spolie, die nicht für diesen Standort gearbeitet worden war. Man erkennt es an den Bearbeitungsspuren am unteren Säulenschaft. Antike Spolien, so wissen wir aus vielen Beispielen, waren Hinweise auf kaiserliche Macht, denn sie verbanden sinnfällig das Kaisertum der deutschen Cäsaren mit dem römischen Kaisertum; im Rückgriff auf die Antike wurde die eigene Kaiserwürde begründet.

Wir haben die Marmorsäule als einen Hinweis auf kaiserliche Macht interpretiert. Es gibt allerdings eine andere Deutung, eine Legende, die auf Christus verweist. – Von der Säule wird erzählt, sie würde in der Karfreitagsnacht Blut und Wasser schwitzen. Ohne Zweifel ist dies eine Anspielung auf den Kreuzestod Jesu und seine Heilsbedeutung. Möglicherweise spielt auch eine weitere mittelalterliche Vorstellung eine Rolle: die freistehende Säule steht sinnbildlich für das Kreuz Jesu. Da die Kapelle „St. Crucis" heißt, möchte man annehmen, dass in die Legende von der Marmorsäule auch diese Symbolik einfließt. Die „Blutsäule", wie sie im Volksmund heißt, ist also ein unmittelbarer Hinweis auf die Gegenwart Christi. Kaisersäule oder Christussäule – welche der beiden Deutungen ist zutreffend? Das mittelalterliche Weltbild sieht hier keinen Gegensatz. Wenn Thron und Altar im messianischen Kaisertum der Staufer zu einer architektonischen Einheit werden, dann verschmelzen auch „Christussäule" und „Kaisersäule" zu einem neuen Sinngehalt: der Kaiser ist der neue Messias.

Die Landsberger Doppelkapelle ist keine Kaiserkapelle, sondern die eines Markgrafen. Doch Markgraf Konrad II. verstand sich als Statthalter des Kaisers bzw. Königs im Markgebiet. Er handelte – das ist die ursprüngliche Bedeutung seines Amtes – an Kaisers Statt. In diesem Sinne lässt Konrad seine Doppelkapelle erbauen: an Kaisers Statt und für den Kaiser.

So ist die Landsberger Doppelkapelle in besonderer Weise ein Baudenkmal. Sie erinnert an einen Zeitabschnitt, der zwar nur zwanzig Jahren währte, aber eine der bedeutendsten Perioden in der Geschichte Landsbergs und der Ostmark war.

Die Zerstörung der Stadt und der Burg Landsberg[86]

Einsam steht die Doppelkapelle „St. Crucis" heute auf dem Landsberger Kapellenberg. Nichts erinnert an die große Burganlage, die sie einst umgab. Wo sind sie geblieben, die Türme und Zinnen, die wehrhaften Mauern, die markgräflichen Gemächer und Empfangsräume, die Stallungen und Wirtschaftsgebäude? Etwas ganz Außergewöhnliches muss in Landsberg geschehen sein.

Ein Brief des Stadtrates aus dem Jahre 1655, der im Archiv des Pfarramtes gefunden wurde, führt uns auf die Spur der Ereignisse. In diesem Schreiben wird berichtet[87]: „dass von unseren lieben Vorfahren wir so viel Nachrichtung erhalten, theils auch selber wissen, dass vor diesem das Städtlein Landsbergk in seiner Zerstörung durch feuer und Schwerdt dermaßen verheret und in Grund höchst verderbet worden sey [bis auf den Grund zerstört – G.S.], dass dasselbe armuths halber keinen eigenen

Modell der Burg Landsberg (erstellt 1985 von G. Sehmsdorf und G. George).

Pfarrer weiter alleine ernehren und erhalten können, sondern ihre Kirche von den nächsten Pastoribus zu Gollm bestellen und versorgen lassen mußen." Weiter geht aus dem Schriftstück hervor, dass „der damalige Rath und die Bürgerschaft allhier Anno 1574 ihre ruinierte Stadt Kirchen zu St. Nicolai wieder gebauet" und dass es eine „andere hiesige Kirche zum heiligen Creutze" gab. Landsberg wurde demnach vor 1574 dem Erdboden gleichgemacht. 1655 gab es offenbar die Burg nicht mehr. Nur die Landsberger Doppelkapelle „St. Crucis" stand noch.

In diesen Zusammenhang passt eine Überlieferung des Chronisten Peccenstein, der 1608 über Landsberg mitteilt[88]: „Landesberg unter Hall", „Welches erst von Diterico III. Anno 1165 erbawet und besessen/jetzo aber gantz desolirt, und wird des Orts nicht mehr als die alte Capell zum Gedechtnis/darinnen eine Marmorseule/so gantz spiegelicht/und darauff das Gewelbe im Chor ruhen thut/zu sehen/erhalten. Ist vor Alters ein sonders grosses Bergschlos gewesen, starck befestiget darum es dann auch desolirt, und bißanhero unerbawet gelassen". Sicher nicht zufällig stellt Peccenstein dann eine Verbindung zwischen Landsberg und Groitzsch her[89] und schreibt weiter „Inmassen auch das ander und Groitzsch vor Alters ein vornemes Propugnaculum, und Graf Wiprechts des Eltern Hauptschlos/ jetzo gantz desolat zusehen/wird auch wol also verbleiben/jedoch bleiben beyde Herrschaften vor sich/und werden deroselben Regalien[90] in der Marggraffen von Meissen und Hertzogen von Sachsen Fahnlehn gebraucht und geführt."

86 Siehe Sehmsdorf, Gottfried: Die Zerstörung der Stadt und Burg Landsberg. In: Heimat-Jahrbuch Saalkreis 2006, Halle 2006, S. 22–30, sowie ders.: Die Doppelkapelle, a.a.O., S. 33–41.

87 Rat und Bürgerschaft von Landsberg an den Herzog zu Sachsen (1655). Acta, die Pastores zu Landsberg betreffend, anno 1615–1732, Pfarrarchiv Landsberg.

88 Peccenstein, Laurentius: Theatrum Saxonicum, II. Jena 1608, S. 33.

89 Nach Peccenstein waren die Burgbezirke Landsberg und Groitzsch "Edle Herrschaften", deren Schicksal verbunden scheint oder sich gleicht. Die „Schenken", von der noch die Rede sein wird, besaßen wohl nicht nur in Landsberg, sondern auch in Groitzsch eine Burg, die ebenfalls zerstört wurde. Im „Deutschen Städtebuch" werden sie „Schenken von Groitzsch" und „Schenken von Landsberg" genannt (Keyser, Erich [Hrsg.]: Deutsches Städtebuch. Handbuch städtischer Geschichte. Bd. II (Mitteldeutschland), Stuttgart 1941, S. 572–574.). Dass Peccenstein zwischen beiden Burgen einen Zusammenhang herstellt (beide zerstört, beide werden nicht wieder aufgebaut, beide bleiben „Herrschaften", also Reichsgut), legt die – bisher jedoch nirgends formulierte oder untersuchte – Vermutung nahe, dass die Zerstörung beider Burgen zeitgleich und aus dem gleichen Grunde erfolgte.

90 Regalien: ursprünglich Bezeichnung für die dem König vorbehaltenen Hoheitsrechte: z.B.: Gerichtsbarkeit, Befestigungsrecht an Burganlagen, Nutzungsrechte, wie Zoll, Münz- und Marktrecht, Geleitschutz, Forst-, Jagd- und Bergrecht.

Im Dom zu Merseburg befindet sich im rechten Seitenschiff auf der Höhe der Vierung ein Taufstein aus barocker Zeit. Er trägt die Umschrift: „Von Gottes gnaden Christian Herzog zu Sachsen, Jülich, Cleve und Bergk, Postulierter Administrator des Stiffts Merseburgk Landgraff zu Düringen Marggraff zu Meißen auch Ober und Nider Lausitz Graff zu der Margk und Ravensbergk Herr zu Ravenstein Ano 1665 Edle Herrs Landsbergk". Auf dem kräftigen Kelch des Taufbeckens sind Wappen abgebildet. Eines von ihnen ist das Wappen der Edlen Herrschaft Landsberg.

Die Inschrift am Taufstein und die Aussage von Peccenstein bestätigen sich gegenseitig und belegen eine Rechtssituation, die bisher von den Historikern nicht beachtet wurde: Der Burgbezirk Landsberg war bis in das 16. Jahrhundert eine eigenständige Rechtsgröße, eine „Edle Herrschaft", also Königsgut oder Reichsgut, das an den Markgrafen von Meißen und an die Herzöge von Sachsen als „Regalie" zur Nutzung vergeben worden war. Der Zustand der Burg spielt in diesem Zusammenhang keine Rolle. Ausschlaggebend sind die mit ihr bzw. dem Burgbezirk verbundenen Rechte und Einnahmen.

Bisher wurde angenommen, dass die Burg Landsberg aufgrund des Bedeutungsverlustes Landsbergs bereits um 1300 aufgegeben worden sei und verfiel. Später habe die Bevölkerung die Burgreste abgetragen, um damit ihre Häuser zu bauen.

Aus dem im Pfarramt aufgefundenen Schreiben von 1655 geht hervor, dass die Stadt und die Burg Landsberg vor 1574 zerstört wurden. Wenige Jahre oder Jahrzehnte zuvor muss die Burg Landsberg noch gestanden haben. Warum und von wem wurde sie zerstört?

Die „Edle Herrschaft" war reichsunmittelbar, doch wer war in ihr der Herr, der Lehnsmann des Kaisers und des Reiches? Es müsste ein Reichsritter gewesen sein, einer aus dem Stande der Nobiles, der reichsunmittelbaren Burggrafen und Freiherren.

An der Kirche in Teupitz[91] findet sich ein Backstein mit der Schrift: „nobil d otto schenk de landsb.". Herren der „Herrschaft Teupitz" waren die „Schenken von Landsberg"[92].

Inzwischen ist eindeutig geklärt, dass es sich bei dem hier erwähnten Ort Landsberg um das Landsberg bei Halle handelt. Vor den Toren von Delitzsch (dem Landdingort der Markgrafen der Ostmark) liegt der Burgort Schenkenberg, dessen Mittelpunkt eine recht ansehnliche Wasserburg darstellt. Der Ortsname deutet darauf hin, dass es am Hofe des Markgrafen im nur 12 km entfernten Landsberg einen Schenken gab, der offensichtlich mit dieser Burg belehnt war. Auch in den Urkunden des 13. Jahrhunderts findet man diese Schenken von Landsberg.

Die Schenken von Landsberg zählten zum Dienstadel am Hofe des Markgrafen, zugleich aber waren sie Reichsministeriale im Gefolge der deutschen Könige und Kaiser (doppelte Lehnsbeziehung). Als es nach 1210 keine eigenständigen Markgrafen der Ostmark und der Lausitz mehr gab, verloren die Schenken von Landsberg ihr Hofamt und, infolge der Schwächung kaiserlicher Gewalt, auch ihre reichsunmittelbare Stellung als Burggrafen in Landsberg. Unter dem Markgrafen Heinrich dem Erlauchten wurden sie aus ihren Burgen verdrängt. Später finden wir ihr Geschlecht in der Lausitz wieder – als die „Schenken von Schenkendorf"[93], die „Schenken von Seyda"[94] und die Herren der „Herrschaft Teupitz"

Unter Kaiser Karl IV. (+1378) wurden die Schenken wieder in ihre alten Rechte in Landsberg eingesetzt und mit der Burg und Herrschaft Landsberg belehnt. Seit 1354 erscheinen sie wieder als „Schenken von Landsberg"[95]. Bis 1508 sind die Schenken von Landsberg als Herren der Burg und der Herrschaft Landsberg urkundlich belegt.

„Herrschaften" waren reichsunmittelbare Lehen, die nicht den Territorialfürsten unterstanden. Den wettinischen Markgrafen von Meißen fiel zwar der Distrikt Delitzsch zu, aber über die Burg Landsberg war ihnen die Rechtshoheit entzogen. Sie war noch immer Reichslehen und in der Hand des Schenken als reichsunmittelbarem Burggrafen. Allein die Burgkapelle war Eigengut der Wettiner, weil diese durch Schenkung und Tausch seit 1161 dem Hause Wettin gehörte. Um für die mächtige Burg Landsberg ein Gegengewicht zu schaffen, förderten die Wettiner daher in jeder Weise den Stadtausbau von Delitzsch (dem ursprünglichen Landdingort der Ostmark). Spannungen zwischen den Wettinern und den Schenken waren vorprogrammiert.

Hinzu kam, dass Otto, Schenk von Landsberg, dabei war, seinen Besitz in der Lausitz auszudehnen und ein eigenes Territorialfürstentum zu schaffen. An seine Herrschaft Teupitz grenzten drei Burglehen, die im Besitz der Herren von Biberstein waren: Beeskow, Storkow und Saarow. Die

91 Der Ort liegt im Landkreis Dahme-Spreewald, ca. 40 km südlich von Berlin.

92 Zur Geschichte der Schenken von Landsberg siehe Sehmsdorf, Die Doppelkapelle, a.a.O., S. 33–35.

93 Schenkendorf bei Guben, heute in Polen.

94 Seyda (Sydow, Seidau), heute Stadtteil von Jessen (Elster).

95 Riedel, Adolph Friedrich: Codex diplomaticus Brandenburgensis. Berlin 1859, Bd. I., 10, XXXIX: „Markgraf Friedrich von Meissen, Herzog Magnus von Braunschweig, Graf Dietrich von Hohenstein und Friedrich von Schönenberg bekunden, dass Schenk Albrecht zu Landsberg des Markgrafen Ludwig von Brandenburg und des Herzogs Rudolph von Sachsen Streitigkeiten über Trebbin, Bärwalde und Brück entschieden habe, am 20. Mai 1354".

SCHENCKN V : LANDSBERG

Wappen der Schenken von Landsberg (Zeichnung, Maria Siegel 2008).

Mutter des Schenken Otto von Landsberg war eine geborene Biberstein. Aus ihrem Erbe standen ihm die drei Burgbezirke zu, die allerdings an die Herzöge von Sachsen verpfändet waren. Vermutlich wollte er die Pfandsumme zurückzahlen und die bibersteinschen Herrschaften mit der Herrschaft Teupitz, dem „Schenkenländchen", vereinen. Damit wäre ihm die Bildung eines Kleinstfürstentums in der Lausitz gelungen. Daran aber konnte weder den Herzögen von Sachsen, noch dem Kurfürsten von Brandenburg gelegen sein, da sie ja selber bestrebt waren, die Lausitz ganz oder teilweise in ihre Gewalt zu bringen.

Der Konflikt zwischen den Herzögen von Sachsen und dem Schenken kam Anfang des 16. Jahrhunderts schließlich zum Ausbruch – mit verheerenden Folgen für Landsberg.

Man suchte und fand einen Anlass, um den störenden Konkurrenten auf dem Landsberg auszuschalten.

Bei Peccenstein klingt es an, wenn er schreibt: Landsberg sei „vor Alters ein sonders grosses Bergschlos gewesen, starck befestiget darum es dann auch desolirt, und bißanhero unerbawet gelassen". Auch der Brief von 1655 legt es mit der Wendung „durch feuer und Schwerdt" nahe: die Zerstörung Landsbergs erfolgte nicht durch eine Kriegshandlung allgemeiner Art, sondern im Rahmen einer Strafexpedition.

Tatsächlich sind die Hintergründe dieses Vernichtungsschlages sehr gut belegt. Man findet für die Jahre 1507–1517 mehrere Urkunden über den „sächsischen Fürsten Rechtshandel wider Otten Schenken von Landsberg". Obgleich dieser Urkundenbefund fast „lückenlos" genannt werden kann, wurde der „Rechtshandel" bisher ignoriert oder bagatellisiert. Doch er ist das fehlende Teil im „Puzzle" der Geschichte um die Zerstörung der Burg Landsberg.

Am 20. November 1507 schrieb „Otto Schenk, Herr von Landsberg" an die Herzöge von Mecklenburg und beklagte sich über die Herzöge von Sachsen, dass sie ihre Schulden von 62 000 Rheinischen Gulden nicht bezahlt hätten, wozu sie verpflichtet waren durch den Kauf der Biberssteinschen Herrschaften Beeskow, Storkow und Saarow vor 17 Jahren[96]. Analoge Schreiben des Schenken Otto gingen offensichtlich an viele Fürsten und Herren in deutschen Landen, was sicher den Zorn der sächsischen Herzöge erregte und sie veranlasste, nun wirklich gegen den Widersacher vorzugehen.

Man stellte dem Schenken eine Falle. Aus dem Briefwechsel der Sächsischen Herzöge mit ihren Räten lässt sich der Hergang rekonstruieren. Mit der Sache betraut wurde der Ritter Caesar Pflug. Er zog als „rechte Hand" des Herzogs Georg von Sachsen die Fäden. Um den Schenken in die Falle zu locken, bedurfte es eines Lockvogels, der ihn provozieren sollte. Dieser war schnell gefunden: Ritter Minckwitz auf Sonnewalde, der kurz zuvor erst von den Sächsischen Herzögen mit der Burg Kriebstein – in der Nähe von Waldheim (Sachsen) gelegen – belehnt worden war. Minckwitz forderte den Schenken heraus und beleidigte ihn in seiner Ritterehre. Daraufhin lauerte ihm der Schenk auf. Er meinte nach dem Fehderecht sein Recht mit Waffengewalt durchsetzen zu können. Doch wenige Jahre zuvor, 1495, hatte Kaiser Maximilian den „Ewigen Landfrieden" verkündet, der dieses Fehderecht bei Androhung der Reichsacht untersagte. Der Herzog von Sachsen verklagte daher den Schenken Otto als „Wegelagerer" und ließ ihn 1508 vor das Gericht des Churfürsten von Brandenburg, dessen Lehnsmann der Schenk ebenfalls war, zitieren.

Der Ausgang der Gerichtsverhandlung war durch Caesar Pflug abgestimmt und gut vorbereitet. Indem der Schenk sich einmal mehr ge-

96 Ebenda, CXXIX.

täuscht und in seinem Recht betrogen sah, nahm er das Recht in die eigene Faust und erklärte den Sächsischen Herzögen die Fehde. Er kündigte ihnen den Lehensbund und fügte ihnen durch „Raub und Nahme" Schaden zu.

In einem Brief an alle Fürsten und Stände des Reiches, geschrieben am 25. November 1509 zu Mühlhausen, stellten Churfürst Friedrich von Sachsen, sein Bruder Johann und Herzog Georg von Sachsen ihre Sicht der Dinge dar und baten alle, gegen den Schenken als einen „Rechtsflüchtigen und Friedebrecher nach Inhalt des Königlichen Landfriedens zu handeln"[97], d. h. die Reichsacht zu vollstrecken.

Wenn ein Friedebrecher Zuflucht sucht in einer Burg und nicht ausgeliefert wird, verfallen „die Burg und alle die in ihr wohnen" der Acht, so steht es im Sachsenspiegel[98]. Wie in vergleichbaren Anlagen, bildeten Burg und Stadt Landsberg eine geschlossene Befestigungslinie. Wer das Bergschloss erobern wollte, musste zuerst die Vorburg und die Stadt erstürmen. Burg und Stadt drohte nun Gefahr.

Die Vorbereitungen zur Erstürmung der Burg Landsberg zogen sich noch einige Jahre hin[99]. Süddeutsche Söldner wurden angeworben und hessische Ritter herangeholt. Aus dem Amt Rochlitz mussten 80 Baumstämme für die Erstürmung bereitgestellt werden. Die ansässigen Adligen hatten Pferde für den Transport der Baumstämme und Kanonen zur Verfügung zu stellen.

1514 wurde die Burg geschleift. Mit der Burg fiel auch die Stadt der Zerstörung anheim. Nur die Burgkapelle, die Eigentum des Hauses Wettin war, ließ man stehen[100].

Schilderungen von der Erstürmung der Burg Landsberg sind nicht überliefert. Im Sachsenspiegel heißt es über das Schleifen einer verurteilten Burg: „Niederbrennen soll man sie nicht, noch Steine und Holz davonführen [...]. Doch soll man Graben und Aufschüttung mit dem Spaten ebnen"[101]. In Landsberg hat es wohl heftigen Widerstand gegeben, denn man vernichtete die Stadt „durch Feuer und Schwert" bis auf den Grund. Eine Vorstellung von den Ereignissen vermittelt uns das um 1516 entstandene Bild des Künstlers Hans Burgkmair d. Ä. (1473–1531). Anschaulich zeigt er auf seinem Holzschnitt die „Erstürmung einer brennenden Stadt": Schwer bewaffnete Landsknechte und Ritter belagern die brennende Stadt. Mächtige Baumstämme werden herangerollt, um den Landsknechten das Erstürmen zu ermöglichen. Im Vordergrund des Bildes wartet kampfbereit die Ritterschaft um jeden Ausbruch und jede Flucht zu vereiteln.

Man möchte meinen, es handele sich tatsächlich um das Städtchen

Hans Burgkmair der Ältere (1473–1531): Erstürmung einer brennenden Stadt. Holzschnitt, um 1516 (Schulz, Alwin: Maximilian I. – Der Weisskunig. Wien 1888.)

97 Worbs, Johann Gottlob: Geschichte der Herrschaften Sorau und Triebel. Sorau 1826, Archiv; 335.

98 Schott, Sachsenspiegel, a.a.O., S. 157 (Landrecht II/72).

99 In den Urkunden bis 1514 nachweisbar (siehe Sehmsdorf, Heimatjahrbuch, a.a.O., S. 28f.).

100 Die sächsischen Herzöge haben die Kapelle in den Jahren 1662 und 1734 erneuern lassen (Plathner; Carl: Die Kapelle „zum heiligen Kreuz" zu Landsberg bei Halle, Eckartsberga 1931, S. 4). Sie taten dies sicher nicht aus „Kunstinteresse" oder aus Frömmigkeit. Die Kapelle war ein Wahrzeichen ihres Anspruches auf die Reichsburg und Herrschaft Landsberg, den sie am Ende gegen Kaiser und Reich durchgesetzt hatten

101 Schott, Sachsenspiegel a.a.O., S. 216 (Landrecht III/68).

Landsberg. Die Stadt auf diesem Bilde besteht gerade mal aus einer stark befestigten Kirche, deren Turm heftig umkämpft wird, und einer Häuserzeile, die in Flammen steht. Wie wir aus dem Schreiben des Rates von 1655 wissen, wurde die Stadtkirche völlig zerstört. Gewaltige Feuerbrände und Rauchschwaden hüllen die ganze Stadt ein und nehmen die Sicht auf die herrschaftliche Burg. Wer nicht in Feuer und Rauch umkommt, den trifft das ritterliche Schwert gleich einem Richtschwert. Der einzelne Reiter auf der linken Seite des Bildes könnte den Gesandten des Kurfürsten von Brandenburg darstellen, welcher sich für seinen Lehnsmann, den Schenken von Landsberg, einsetzt und ihm freies Geleit von der Burg verschafft.

102 Vermutlich wurde in diesem Zusammenhang auch die Burg des Schenken in Groitzsch zerstört. Sowohl die einen Zusammenhang herstellende Formulierung bei Peccenstein, als auch die Belehnungsvorgänge nach der Zerstörung der Burg Landsberg legen nahe, daß beide Herrschaften im Besitz der Schenken waren – also reichsunmittelbare Territorien mitten in den wettinischen Ämtern Delitzsch und Groitzsch.

103 Zwar hatte ihm der Kurfürst von Brandenburg wegen des Landfriedensbruches seine Lehen entzogen, doch sein Bruder Heinrich blieb Herr auf Teupitz und 1521 wurden Otto, nachdem er Urfehde (beeideter Fehdeverzicht) geschworen hatte, die brandenburgischen Lehen wieder übergeben. Siehe Riedel, Codex diplomaticus Brandenburgensis, a.a.O., III. 2; S. 454 (1521): „Schenk Otto von Landsberg und her zu Tupzk hat sein anteil der lehen wider entpfangen und geswom, hat auch die vehede gegen den hern von Sachssen zuvor abgestellt."

104 Biedermann, Rudolf: Geschichte der Herrschaft Teupitz und ihres Herrengeschlechts, der Schenken von Landsberg. In: Der Deutsche Herold, Berlin 1933/34, S. 19: „Es war nur ein Nachspiel vergangener Zeit, wenn sich der Schenk Otto einer ausstehenden, beträchtlichen Geldschuld wegen eine Privatfehde gegen die Herzöge von Sachsen erlaubte. Der Kurfürst von Brandenburg griff ein, und die Sache wurde erledigt. Immerhin dauerte die Fehde doch über zehn Jahre. Der Schenk wandte sich hilfesuchend an die Herzöge von Mecklenburg und an den König von Böhmen. Das Recht hatte der Schenk nicht auf seiner Seite; seit dem ewigen Landfrieden von 1495 war das Fehdewesen verboten, und die sächsischen Herzöge hatten formal Recht, wenn sie ihn als Friedensbrecher bezeichneten. Schließlich griff der Kurfürst von Brandenburg ein und ließ seinen Rat den Streit vermitteln, was der Schenk annahm, unter der Bedingung, dass seine Freunde geschont würden. Nach Erledigung der Sache empfing er seine Lehen wieder, deren er also für verlustig erklärt worden war; und später haben wir auch Zeugnis dafür, dass er Geld von dem Kurfürsten von Sachsen erhalten hat".

105 Die Rede ist von den „Pflegen Pegau, Leipzig und Delitzsch". Während der Begriff „Amt" eine landesherrliche Verwaltung kennzeichnet, wird mit dem Begriff „Pflege" Reichsgut bezeichnet, das durch die Landesherren „gepflegt" wird. Das meinte wohl Peccenstein mit seinem Hinweis, dass die Herrschaften „vor sich bleiben", also nicht in die Ämter eingegliedert waren.

106 Lehnsbrief von 1517, Archiv des Museums „Bernhard Brühl", Landsberg.

107 Sie bauten sich in Reinsdorf (heute ein Ortsteil von Landsberg) ihr Schloss.

108 Schott, Sachsenspiegel, a.a.O., S. 215 (Landrecht III/66).

Schenk Otto von Landsberg durfte mit seinen Gesellen die Burg verlassen. Als verfemter Raubritter waren seine Forderungen gegenüber den Herzögen von Sachsen gegenstandslos. Seine mächtige Burg Landsberg war nur noch eine Ruine[102]. Doch er entging der Hinrichtung durch das Schwert. Der Kurfürst von Brandenburg hatte kein Interesse daran, das Geschlecht der Schenken von Landsberg, das ihm in der Lausitz treu ergeben war, durch die Hinrichtung des Familienältesten zu verbittern. Schenk Otto zog sich auf die Familienbesitzungen in der Lausitz zurück[103]. Später zahlten ihm die Herzöge von Sachsen sogar noch die Restsumme für die Bibersteinschen Herrschaften[104].

Caesar Pflug ist für seine Dienste bestens entschädigt worden. Er erhielt mehrere Dörfer der Herrschaften Landsberg und Groitzsch[105]. In einem Lehnsbrief von 1517[106] werden die Gebrüder Schyken mit zahlreichen Höfen in Gollma und Landsberg belehnt. Seit der Zeit sind die Schyken von Reinsdorf der ortsansässige Adel[107] – Lehnsleute der Herzöge von Sachsen, Gefolgsleute der Gebrüder Pflug.

Die Burg Landsberg wurde nie wieder aufgebaut. Das hatte rechtliche Gründe. Eine geächtete Burg durfte nur mit Zustimmung des Richters wieder aufgebaut werden[108] Daran jedoch konnten die Wettiner kein Interesse haben. Die verhängte Reichsacht wirkte lange nach. Nichts durfte ohne die Zustimmung des Herzogs verändert werden. Aus der reichsherrlichen Stadt Landsberg wurde ein armseliges offenes Landstädtchen. Die Stadt zu befestigen, war untersagt worden. Es dauerte zwei Generationen, ehe 1574 die kleine Ortskirche wieder aufgebaut werden konnte. Fünf Jahre später erlangt der Ort das Stadtrecht und die niedere Gerichtsbarkeit. Erst nach 1620 bekam Landsberg wieder eine eigene Pfarrei.

Stünde da nicht auf dem Berge die besondere Kapelle, es gäbe heute keine geschichtliche Erinnerung an die einstige Bedeutung des Ortes.

Gericht wird gehalten – die Stifterfiguren im Naumburger Dom

Ekkehard II. ist für den Mord an Dietrich im Jahre 1034 zu Lebzeiten nie zur Rechenschaft gezogen worden. Nach mittelalterlicher Überzeugung konnte er jedoch seinem Richter im Jenseits nicht entgehen. Verhandeln die Stifterfiguren im Westchor des Naumburger Domes die Bluttat vor dem Richterstuhl Christi?

Über die Naumburger Stifterfiguren ist viel geschrieben worden. Die ungewöhnliche Darstellung einer Gruppe weltlicher Personen in einer Kirche gibt viele Rätsel auf. Nicht jede der Personen kann sicher identifiziert werden. Mimik, Gestik und Körperhaltung der Steinfiguren werden unterschiedlich interpretiert. In der Frage, ob die dargestellten Stifterfiguren in einer inhaltlichen Beziehung zueinander stehen, ob sie sich zum Teil oder gar alle miteinander aufeinander beziehen und eine wie auch immer geartete Szene darstellen, gehen die Meinungen auseinander. Wilhelm Pinder sieht in ihnen „nur eine Versammlung großartiger Charaktergestalten"[109]. Andere Autoren beziehen lediglich einige der Figuren aufeinander[110]. Paulus Hinz will die Darstellung als „beziehungsreichen Themenkreis, der nicht bloß die Stifter, sondern zugleich auch die Lettnerbildwerke und den Lettner selber umspannt"[111] verstanden wissen. Er deutet das Kunstwerk als „steinerne Predigt"[112] des waldensisch beeinflussten Naumburger Meisters. Dessen Thema sei die menschliche Schuld, und zwar die höchste Schuld, die ein Mensch auf sich laden kann: die Blutschuld. „Das Thema der Schuld und des Gerichtes also klingt an", schreibt Hinz. „Aber nicht bloß eines irdischen Gerichtes, und nicht bloß unter den Stiftern im Chor. Verrat, Rachezorn, Blutschuld, das alles finden wir auch in der Passionsdarstellung der Lettnerreliefs"[113]. „Dort,

---

109 Pinder, Wilhelm: Der Naumburger Dom und der Meister seiner Bildwerke. Berlin 1952, S. 30.

110 Verbreitet ist eine Auffassung, nach der nur die Vierergruppe im Chorhaupt aufeinander bezogen sei (Vgl. z.B. Bergner, Heinrich: Beschreibende Darstellung der älteren Bau- und Kunstdenkmäler der Stadt Naumburg. Halle 1903, Reprint Naumburg 2000, S. 109ff).

111 Hinz, Paulus: Der Naumburger Meister. Berlin 1954, S. 20.

112 Ebenda, S. 22.

113 Ebenda, S. 23.

„Christus als Weltenrichter" im Vierpass des Lettnergiebels.

wo unten im Chor das Thema der menschlichen Schuld und des menschlichen Gerichtes anklingt, stehen darüber [... als Glasmalerei – K.M.] die zwölf Apostel, die entsprechend sonstigen zeitgenössischen Weltgerichtsdarstellungen im Sinne von Matth. 19, 28 als Beisitzer und Mitrichter im Jüngsten Gericht zu verstehen sein werden"[114]. Über dem Eingang zum Westchor thront „Christus als Weltenrichter" und eine rings um den Vierpass angebrachte Inschrift verkündet: „Als Richter sitzest Du hier, der die Schafe scheidet von den Böcken. Ob er hart sei oder gnädig, es bleibt der hier gefällte Spruch"[115].

Die von Hinz vorgetragenen Argumente, seine Deutung der mittelalterlichen Bildsprache, sind sehr überzeugend. Hinz steht mit seiner Interpretation auch keineswegs allein[116]. Der Naumburger Meister hat seinem Auftrag offenbar ein eigenes Programm unterlegt. Um es zu erkennen und zu verstehen, muss man zunächst fragen, wie der ursprüng-

114 Ebenda, S. 23f.
115 Ebenda, Anmerkung S. 23.
116 Die Deutung des Stifterzyklus (zumindest der Vierergruppen im Chorhaupt) als „Gerichtsszene" findet man z.B. auch bei August Schmarsow und Heinrich Berger.

liche Auftrag gelautet haben mag und welcher Art die weltanschaulichen Grundsätze waren, die der Naumburger Meister durch seine Kunst zum Ausdruck bringen wollte.

Wer war der Auftraggeber und welche Absichten verfolgte er, als er die Figurengruppe in Auftrag gab? Ohne die Frage an dieser Stelle umfassend erörtern zu können, sei auf drei Zusammenhänge hingewiesen:

Erstens: In der Literatur geht man davon aus, dass der Figurenzyklus im Westchor des Naumburger Domes eine rituelle und religiös-liturgische Funktion erfüllte. Der Westchor ersetzte die alte Stiftskirche der Ekkehardingischen Burg. Daraus ergab sich die Notwendigkeit, die Gräber der Stifter des 11. Jahrhunderts umzubetten und die Verpflichtung, die man ihnen gegenüber eingegangen war, zu erfüllen. Nach christlicher Vorstellung trat der Verstorbene nach dem Tode vor Gott als seinen Richter und konnte – sofern er für untadelig befunden wurde – am „Jüngsten Tag" mit Christus wiederauferstehen. Voraussetzung war, dass das Gedächtnis an den Verstorbenen gewahrt blieb und Verfehlungen, die er nicht mehr selbst sühnen konnte, durch Gebete der Lebenden getilgt wurden. Dieser Glaube führte dazu, dass diejenigen, die dazu in der Lage waren, sich durch Schenkungen und Stiftungen bereits zu Lebzeiten der Memorialdienste der Lebenden (speziell der Klöster) versicherten („Gebetsverbrüderung"). Die Einbeziehung der Toten in die Gebete der Lebenden erfolgte durch Nennung der Namen der Verstorbenen oder Auslegung von Memorialbüchern während der Messe („Memento"), aber auch bei speziellen Totengedächtnisfeiern (Gedenken der Toten am Sterbetag anhand kalendarisch geordneter „Nekrologe"). Überliefert ist der Brauch, anlässlich solcher Totenfeiern farbige Wandteppiche mit den Namen oder Abbildungen der Stifter und Stifterinnen im Chorraum aufzuhängen. Im Allgemeinen wird heute die Meinung vertreten, dass die Aufstellung der Stifterfiguren im Naumburger Dom eine steinerne Umsetzung dieses religiösen Kultes ist[117].

Zweitens: Der Bau des Naumburger Domes begann im 11. Jahrhundert. Damals wurde auf Betreiben der Ekkehardinger Hermann und Ekkehard II. das unter Kaiser Otto I. ursprünglich in Zeitz angesiedelte Bistumszentrum nach Naumburg verlegt[118]. In Zeitz hat man dies nicht widerspruchslos hingenommen. 200 Jahre währten die Auseinandersetzungen. Erst 1230 erkannte der Papst Naumburg als Bischofssitz endgültig an und eine kaiserliche Urkunde bestätigte dies 1231. In diese Zeit fällt der „Neubau" des Domes, wobei Teile des ersten, Mitte des 11. Jahrhunderts geweihten Domes, in das neue Bauwerk integriert wurden. Der Westchor entstand erst im Zuge der Neugestaltung (Fertigstellung um 1260). Die Darstellung der Markgrafen Hermann und Ekkehard, der

Gründer des Bistumssitzes Naumburg, an zentraler Stelle im Westchor veranschaulicht nachdrücklich und für jeden verständlich den Triumph Naumburgs in dem Konflikt mit Zeitz.

Drittens: Doppelchörige Kirchen findet man insbesondere in der deutschen Architektur des Mittelalters. Ostchor und Westchor (auch Westturm oder Westempore) versinnbildlichen das Gegenüber von geistlicher und weltlicher Herrschaft. Die Präsenz der Wettiner im Westchor muss als Manifestation der wettinischen Herrschaftsansprüche interpretiert werden. Dazu zwei Überlegungen:

Naumburger Bischof war zur Zeit der Umbauten der Wettiner Dietrich II.[119]. Von ihm ist eine Urkunde aus dem Jahre 1249 überliefert, in der um Spenden zur Vollendung des Naumburger Domes gebeten wird. Als Vorbild werden die ersten Stifter genannt, die „sich das größte Verdienst vor Gott und die Verzeihung ihrer Sünden verdient haben": „Markgraf Hermann, Markgräfin Reglinde, Markgraf Eckehard, Markgräfin Ute, Graf Syzzo, Graf Konrad, Graf Wilhelm, Gräfin Gepa, Gräfin Berchtha, Graf Dietrich (und) Gräfin Gerburch"[120]. Auffällig sind zum einen das Überwiegen der „Wettiner" in dieser „Liste" und zum anderen die überraschend hohe Übereinstimmung der Namensliste mit den im Westchor dargestellten Stiftern (soweit sie durch Umschriften auf den Schilden identifiziert werden können). Das Schriftstück ist keine direkte Anweisung für die Gestaltung des Westchores, aber man kann wohl davon ausgehen, dass dem Naumburger Meister eine analoge Auswahl der „ersten Stifter" vorgelegen hat. Es muss allerdings bezweifelt werden, dass Bischof Dietrich bei der Bestimmung der darzustellenden Personen die Absicht verfolgte, sein eigenes Geschlecht zu verherrlichen[121]. Gerade

---

117 Vgl. u.a. Löffler, Fritz (Hrsg): Der Dom zu Naumburg. Abschnitt „Westchor und Westtürme" (ohne Seitenzahlen), Berlin 1958.

118 1028 erteilte Papst Johannes XIX. die Genehmigung für die Verlegung des Bistumssitzes.

119 Um 1200–1272, Sohn des Markgrafen Dietrich von Meißen (1162–1221), Bischof von Naumburg zwischen 1242–1272.

120 Zitiert nach Stach, Walter: Zur Naumburger Urkunde vom Jahre 1249. in: Küas, Herbert: Die Naumburger Werkstatt. Berlin 1937, S. 174.

121 Stach (ebenda, S. 176) hält dies für eher unwahrscheinlich, wenn er zur Naumburger Urkunde von 1249 schreibt: „Die Ausfertigung ist danach, bei aller durchdachten Stilisierung, urkundentechnisch auf das knappste bemessen und entbehrt der prätentiösen Feierlichkeit, die man erwartet, wenn wirklich Dietrich II. den ‚Aufruf' um deswillen erließ, weil er sich selbst ‚um jeden Preis an dem Gedanken festgebissen' hatte, sein eigenes Geschlecht durch das Monumentalwerk einer weltlichen Stiftergalerie im Innenraum der Kirche zu verherrlichen' …'.

ihm, der das Bischofsamt aufgrund der Intervention seines Halbbruders, des Markgrafen Heinrich des Erlauchten, erlangte, wird daran gelegen gewesen sein, die „apostolische Sukzession"[122] seiner Wahl zu betonen – und nicht an die verwandtschaftlichen Beziehungen zu erinnern[123].

Es spricht einiges dafür, dass es Markgraf Heinrich der Erlauchte war, der mit den Stifterfiguren den bestimmenden Einfluss der Markgrafen von Meißen und seiner Familie, der Wettiner, bildhaft verdeutlicht wissen wollte. Heinrich der Erlauchte hatte 1230, mit zwölf Jahren, die Nachfolge in das väterliche Erbe und in mütterlicherseits bestehende Ansprüche angetreten[124]. Als 1247 mit Heinrich Raspe die Ludowinger ausstarben, erhob er Anspruch auf die Landgrafschaft Thüringen[125] und verlieh dem mit Waffengewalt Nachdruck. Im „Thüringer Erbfolgekrieg" (1247–1263) kämpfte Heinrich der Erlauchte darum, sein Anrecht auf Thüringen gegen die Besitzansprüche der Landgräfin Sophie (1224–1275, Nichte Heinrich Raspes) durchzusetzen. Bischof Dietrich, der bei seiner Wahl zum Bischof selbst noch von dem Einfluss der Wettiner auf das Naumburger Bistum profitiert hatte, ergriff – wohl um die Reichsunmittelbarkeit des Naumburger Bistums fürchtend – die Partei der Landgräfin Sophie. Dietrich versuchte, Heinrich die Vogteirechte im Hochstift Naumburg[126] streitig zu machen. Mit dem Vertrag von Seußlitz legten Heinrich und Dietrich 1259 ihren Konflikt nach mehrjährigem Kampf bei. Das Bistum erkannte die Hoheitsrechte der Wettiner an. Die große Zahl von Wettinern unter den Stifterfiguren im zeitgleich errichteten Westchor des Naumburger Domes muss daher als Ausdruck des markgräflichen Einflusses auf das Bistum und seine zunehmende Mediatisierung[127] verstanden werden[128]. Selbst eine direkte Einwirkung Heinrichs auf die Auswahl der Personengruppe ist nicht auszuschließen.

Der Auftrag, den der Naumburger Meister für die Gestaltung des Westchores erhielt, muss der hier umrissenen Konstellation entsprochen haben. Man kann davon ausgehen, dass er damit betraut wurde, an die Initiatoren der Verlegung des Bistumssitzes nach Naumburg (d.h. an die Gründer des Domes) zu erinnern: an Hermann und Ekkehard. Darüber hinaus ist als sicher anzunehmen, dass im Westchor die Herrschaftsansprüche der Wettiner verewigt werden sollten. Schließlich wird der Auftrag auch dahingehend gelautet haben, dass im Westchor besonders großzügige Stifter darzustellen seien, um ihrer – entsprechend den eingegangenen Verpflichtungen – in Totengedächtnisfeiern zu gedenken. Dabei ist es durchaus denkbar, dass eine Auswahl darzustellender Personen vorgegeben war – ähnlich jener Liste, die in der Urkunde von 1249 überliefert ist.

Der Naumburger Meister hat bei der Umsetzung dieses Auftrages zweifellos eigene weltanschauliche Überzeugungen künstlerisch zum Ausdruck gebracht. Kaum etwas ist über diesen Künstler bekannt. Doch obgleich nicht einmal sein Name überliefert ist, konnte die Forschung aufgrund seines charakteristischen Stiles seinen Schaffensweg nachvollziehen und aus seinen Werken Rückschlüsse auf seine Ansichten ziehen. Es gilt inzwischen als weitgehend sicher, dass der unbekannte Meister aus Nordfrankreich stammt und als Steinmetz in Reims, Amiens, Noyon, Chartres und Metz arbeitete. Im deutschen Sprachraum werden ihm – neben Naumburg – Arbeiten in Mainz, in Bamberg und in Meißen zugeschrieben. Im Werk dieses Künstlers gibt es eindeutige Belege dafür, dass er An-

---

122 „Apostolische Sukzession" meint die ununterbrochene Weitergabe des Bischofsamtes ausgehend von den Aposteln, die nach kirchlichem Glauben von Jesus persönlich beauftragt waren, über alle Vorgänger bis in die Gegenwart.

123 Die Namensliste des bischöflichen Sendschreibens führt jeden Erbanspruch ad absurcum, weil alle aufgeführten Personen erbenlos verbleiben (alle drei von Bischof Dietrich aufgeführten Wettiner – Konrad, Wilhelm und Dietrich – hatten keine männlichen Nachkommen, die den Familienstamm hätten fortsetzen können) oder von den wettinischen Ansprüchen ablenken (Syzzo). Die eigene Rechtsposition Dietrichs, die sich auf die „apostolische Sukzession" gründet, aber nicht auf genealogische Ansprüche, erfährt eine bedeutende Aufwertung dadurch, dass die wettinischen Stifter zur unmittelbaren Familie des Bischofs Günther gehören, einem Vorgänger im Amt (Bischof von Naumburg 1079–1089, erster Naumburger Bischof aus der Familie der Wettiner, er war der Sohn Berchtas, der Bruder von Wilhelm und Dietrich [deren Gattinnen Gepa und Gerburg waren demnach seine Schwägerinnen] und ein Neffe des Grafen Konrad, der ein Bruder seines Vaters Gero gewesen ist).

124 Mark Meißen, Mark Landsberg/Sächsische Ostmark, Landgrafschaft Thüringen, Pfalzgrafschaft Sachsen, vier Fahnlehen und zahlreiche Vogteirechte, u.a. auch über das Hochstift Naumburg.

125 Sein Rechtsanspruch stützte sich v.a. auf erbrechtliche Argumente: Heinrich der Erlauchte war der Neffe des letzten Ludowingers, Heinrich Raspe (Sohn von dessen Schwester Jutta). Außerdem hatte ihm 1243 Kaiser Friedrich II. die Eventualbelehnung mit Thüringen im Falle des Aussterbens der Ludowinger erteilt.

126 Nach allgemeinem Brauch stand den Erststiftern die Stiftsvogtei zu und war ein erbliches Rechtsgut. Über Mathilde kam dieses Recht nach dem Aussterben der Ekkehardinger an die Wettiner.

127 Aufhebung der Reichsunmittelbarkeit.

128 Zur Ausdehnung des Einflusses der Wettiner auf das Bistum Naumburg siehe Schlenker u.a.: Auf den Spuren der Wettiner, a.a.O., S. 116. Siehe auch: http://www.mittelalter-genealogie.de/mittelalter/bistuemer/naumburg/naumburg_bistum.html (9.7.2004).

hänger der Waldenser war[129]. Es handelt sich um eine Ende des 12. Jahrhundert von Lyon (wo ihr Gründer, der Kaufmann Petrus Valdes, lebte) ausgehende Bewegung, die Missstände in der katholischen Kirche kritisierte, den Verzicht auf jeglichen Besitz propagierte und Laienpredigern das Recht zugestanden wissen wollte, das Evangelium zu verkünden. Schon bald wurden ihre Anhänger aus der katholischen Kirche ausgeschlossen und als Ketzer gebrandmarkt und verfolgt. Ab den 1230/40er Jahren sind Hinrichtungen belegt (auch in deutschen Städten, so in Trier und Mainz). Die Waldenser erkannten ausschließlich das Neue Testament – also nur das von Christus selbst und von den Aposteln überlieferte Wort – an und lehnten demzufolge viele Riten der katholischen Kirche (z.B. die Heiligenverehrung und den Ablass) ab.

Als Waldenser muss dem Naumburger Meister der liturgische Zweck seines Auftrages, die Gestaltung des Raumes für „Totenmessen zur Befreiung von Schuld", als Irrglaube oder gar Anmaßung erschienen sein. Weder Stand noch Reichtum können den Menschen von der Verantwortung für seine Taten befreien. Vor Gottes Gericht zählen allein seine Taten. Für den Naumburger Meister und seine Zeitgenossen stand dieses „Weltgericht" unmittelbar bevor. Joachim von Fiore (1130–1202) hatte es für 1260 vorausgesagt[130]. Diese „Naherwartung" muss den Naumburger Meister beeinflusst haben. Seine Erfahrungen werden ihn darin bestätigt haben, dass das „Jüngste Gericht" unmittelbar bevorsteht. Er erlebte die Verfolgung der Waldenser. Der „Thüringische Erbfolgekrieg" brachte Not und Elend über die Einwohner und Ortschaften in Hessen und Thüringen. Um 1260 erreichten die Auseinandersetzungen ihren Höhepunkt (Kampf um die Wartburg, Einäscherung von Creuzburg, Schlacht bei Beesenstedt). Die seinen Gestalten innewohnende Dramatik entspringt wohl dieser „Weltuntergangsstimmung" und dem Gewissenskonflikt des Naumburger Meisters. Predigt er nicht Gottes Wort, macht er sich schuldig und unterliegt Gottes Gericht. Christus wird am „Jüngsten Tag" jedem nach seinen Werken Lohn und Strafe zuteilen. So prophezeit es das Matthäus-Evangelium: „Wenn aber der Menschensohn kommen wird in seiner Herrlichkeit, und alle Engel mit ihm, dann wird er sitzen auf dem Thron seiner Herrlichkeit, und alle Völker werden vor ihm versammelt werden. Und er wird sie voneinander scheiden, wie ein Hirt die Schafe von den Böcken scheidet, und wird die Schafe zu seiner Rechten stellen und die Böcke zur Linken"[131]. Bereits in Mainz hatte der Naumburger Meister dieses Thema künstlerisch gestaltet. Im Westlettner des dortigen Domes stellte er den richtenden Christus dar sowie die „Gruppe der Seligen" und die „Gruppe der Verdammten". In Naumburg nun setzt er über den Eingang des Westchores die Worte „Als Richter sitzest Du hier, der die Schafe scheidet von den Böcken. Ob er hart sei oder gnädig, es bleibt der hier gefällte Spruch".

Der Bezug ist eindeutig: der Naumburger Meister bringt im Westchor des Naumburger Domes menschliche Schuld vor den Richterstuhl Gottes.

Doch welche Tat wird hier verhandelt?

Der Naumburger Meister hatte den Auftrag, im Westchor Stifter des Naumburger Domes aus den Familien der Ekkehardinger und der Wettiner darzustellen. Die Tat, über die geurteilt werden soll, musste demnach Angehörige dieser Verwandtengruppen betreffen. Überliefert ist aber nur eine Gewalttat, auf die das zutrifft und die zudem ungebüßt geblieben war und nie vor einem weltlichen Gericht verhandelt wurde. Es ist das schlimmste Vergehen, dessen sich der Mensch schuldig machen kann: Mord. Es ist der Auftragsmord Ekkehard II. an Dietrich II. im Jahre 1034.

In der Tat lassen sich die Beziehungen zwischen den dargestellten Personen ausgehend von dieser Hypothese schlüssig erklären. Dieser Versuch sei hier erstmalig unternommen und zur Diskussion gestellt[132].

Der Stifterzyklus im Westchor des Naumburger Domes umfasst zwölf Figuren. Ihre Identität ist in kaum einem der Fälle zweifelsfrei erwiesen. Selbst dort, wo Schildumschriften uns scheinbar eindeutige Hinweise geben, bleibt Raum für Interpretationen[133]. Noch schwieriger wird es, wenn Aufschriften fehlen. In diesen Fällen stützt sich die Forschung in der Regel auf die Urkunde Bischof Dietrich II. aus dem Jahre 1249, die einige der „ersten Stifter" benennt[134]. Mimik, Gestik, Kleidung und Körperhaltung geben weitere Hinweise. Bei aller Vielfalt der Deutungsversuche

129 Für Naumburg nennt Hinz vor allem zwei ikonographische Besonderheiten, die darauf hindeuten, dass der Künstler Waldenser war: das „dreiarmige Kreuz" im Eingang zum Westchor und „Bildelemente im Relief der Abendmahlszene". Hinz, Der Naumburger Meister, a.a.O., S. 9ff. und S. 48ff.

130 Vgl. u.a. Seibt, Ferdinand: Glanz und Elend des Mittelalters. Eine endliche Geschichte. Berlin 1999, S. 211.

131 Matthäus-Evangelium Kapitel 25, 31–33.

132 Es ist eine erste Annäherung an das Thema und die Argumentation kann an dieser Stelle nicht bis ins letzte Detail verfolgt werden. Die Autoren hoffen, mit ihren Thesen die Diskussion anzuregen und so dazu beizutragen, dass wir eines Tages die Naumburger Stifterfiguren und die Beweggründe ihrer Schöpfer und Auftraggeber verstehen.

133 Sogar Änderungen der Schildumschriften soll es gegeben haben.

134 „Markgraf Hermann, Markgräfin Reglinde, Markgraf Eckehard, Markgräfin Ute, Graf Syzzo, Graf Konrad, Graf Wilhelm, Gräfin Gepa, Gräfin Berchta, Graf Dietrich (und) Gräfin Gerburch" (Stach: Naumburger Urkunde, a.a.O., S. 174).

geht man gemeinhin wohl davon aus, dass folgende Personen dargestellt sind[135]:

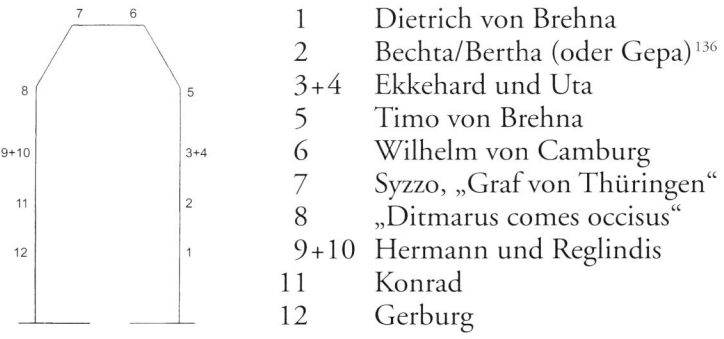

1	Dietrich von Brehna
2	Bechta/Bertha (oder Gepa)[136]
3+4	Ekkehard und Uta
5	Timo von Brehna
6	Wilhelm von Camburg
7	Syzzo, „Graf von Thüringen"
8	„Ditmarus comes occisus"
9+10	Hermann und Reglindis
11	Konrad
12	Gerburg

Zu 1) Auf dem Schild dieses Stifters findet sich kein Name; doch man nimmt (aufgrund des Schreibens von 1249) an, dass Graf Dietrich von Brehna (*um 1045/50, +nach 1089/vor 1116) dargestellt ist (siehe auch 11.). Er war ein Sohn des Grafen Gero von Brehna und der Bertha von Schwarzburg (Tochter von Graf Syzzo II.).

Zu 2) Die Skulptur ist durch den Schleier als Witwe gekennzeichnet und nicht erkennbar einer der männlichen Stifterfiguren als Gattin beigeordnet. Dieser Umstand spricht für die Identifizierung der Figur mit Bertha, Witwe des Grafen Gero[137]. Gräfin Bertha (*um 1020, +vor 1089) soll eine Tochter des Grafen Syzzo II. gewesen sein. Bertha von Schwarzburg war die Witwe Poppos von Wippra, dann die Ehefrau/Witwe des Grafen Gero von Brehna (Gräfin zu Brehna und Camburg). Sie war die Mutter Wilhelms von Camburg, Dietrichs von Brehna und des Bischofs Günther von Zeitz/Naumburg.

Zu 3 und 4) Auf dem Schild des Mannes steht „Echartus marchio". Markgraf Ekkehard II. (*um 985, +1046) war der Sohn von Ekkehard I. (+1002) und der Swanhild (*945/55, +1014). 1032 wurde er mit der Ostmark belehnt und nach dem Tode Dietrich II. erhielt er 1034 die Mark Lausitz. Als sein Bruder Hermann 1038 starb, wurde er zudem Markgraf von Meißen. Ekkehard II. war mit Uta verehelicht. Das geht aus der bischöflichen Urkunde von 1249 hervor. Man nimmt an, dass es sich um Uta von Ballenstedt (+vor 1046), die Tochter des Grafen Adalbert I. von Ballenstedt (Askanier) und der Hidda von der Ostmark (Tochter von Graf Hodo, Christian-Sippe), handelt.

Zu 5) Laut Schildumschrift ist „Timo de Kistericz" dargestellt. Es handelt sich um dem im Allgemeinen als „Timo von Brehna", (+1091/ 1100) bezeichneten Sohn des 1034 ermordeten Dietrich II. und der

Mathilde (Tochter des Markgrafen Ekkehard I.). Timo von Brehna war Vogt des Klosters Gerbstedt und vermutlich Vogt des Hochstifts Naumburg[138]. Heinrich der Erlauchte und der Naumburger Bischof Dietrich II. sind direkte Nachfahren Timos und seiner Frau Ida von Northeim (Tochter des Grafen Otto von Northeim, 1061/70 Herzog von Bayern).

Zu 6) „Wilhelmus comes unus fundatorum" heißt es in der Schildumschrift („Graf Wilhelm, einer der Stifter"). Dargestellt ist Wilhelm von Camburg (+nach 1089), der Sohn des Gero von Brehna und Camburg und der Bertha von Schwarzburg (siehe 2.). Wilhelm war mit Gepa von Seeburg verheiratet (siehe Anmerkung 136).

Zu 7) „Syzzo comes do" wurde auf den Schild geschrieben. Gedeutet wird dies als „Graf Syzzo von Thüringen" (Doringiae) – ein Titel, den es so nicht gab. Vermutlich handelt es sich um Syzzo II (+nach 1075), einen Vorfahren der Grafen von Schwarzburg-Käfernburg[139]. Geros Frau Berta soll eine Tochter Syzzo II. gewesen sein (vgl. 2.).

Zu 8) Die Umschrift bezeichnet diese Figur als „Ditmarus comes occisus" („Ditmar, der erschlagene Graf"). Die Identität dieses Stifters konnte bisher nicht sicher geklärt werden[140].

135 Es gibt abweichende Deutungen zur Identität der Naumburger Stifterfiguren. Sehr weit entfernt sich beispielsweise Wolfgang Hartmann von der bisher üblichen Interpretationen (Hartmann, Wolfgang: Vom Main zur Burg Trifels – vom Kloster Hirsau zum Naumburger Dom. Aschaffenburg 2004, siehe v.a. Abbildung 54, S. 191).

136 Diese Figur wird auch als Gepa identifiziert. Die Urkunde von 1249 erwähnt (neben Bertha) eine „Gräfin Gepa". Sie folgt in der Aufzählung unmittelbar dem „Grafen Wilhelm". Man kann daher annehmen, dass in dieser Liste Gepa, die Gattin Wilhelms von Camburg gemeint ist. Sie war eine Gräfin von Seeburg. Allerdings ist es unwahrscheinlich, dass die zweite Stifterfigur im Westchor tatsächlich Gepa darstellt, denn die Frauen stehen im Stifterzyklus stets zur Linken ihrer Ehemänner.

137 Die Urkunde von 1249 nennt neben „Gräfin Berchta" keine männliche Person, die als ihr Gatte angesehen werden könnte (Graf Gero erscheint in dieser Liste nicht). Es könnte sich allerdings auch um die ebenfalls 1249 aufgeführte Gräfin Gepa handeln, siehe Anmerkung 136.

138 Zumindest von seinem Sohn Dedo IV. ist dies überliefert (siehe Schlenker: Auf den Spuren der Wettiner, a.a.O., S. 116.).

139 Sein 1160 verstorbener Enkel, der Syzzo III., würde zeitlich nicht zu den übrigen Figuren passen. 142ff. sowie Zieg, Michael: Dietmar: Eine Annäherung an die Grafen von Selbold-Gelnhausen und ihre Geschichte. Langenselbold.).

140 Verbreitet ist die These, es handele sich um Thietmar, den Sohn des Billungers Bernhard I. (Herzog von Sachsen 973–1011). Dieser Thietmar wurde 1048 des Verrats an Kaiser Heinrich III. angeklagt und im gerichtlichen Zweikampf in Pöhlde tödlich verwundet. Eine andere Theorie sieht in ihm den Grafen Dietmar von Selbold-Gelnhausen (Hartmann, Vom Main zur Burg Trifels, a.a.O., v.a. S. 142ff. sowie Zieg, Michael: Dietmar: Eine Annäherung an die Grafen von Selbold-Gelnhausen und ihre Geschichte. Hanau 2000.).

Zu 9 und 10) Zwar gibt es keinen Hinweis auf dem Schild, doch ist es wohl sicher, dass dieses Paar den Markgrafen Hermann (+1038, Sohn von Ekkehard I. und Swanhild) und seine Gattin Reglindis (*um 989, +nach 1014, Tochter des Herzogs Boleslaw I. Chrobry von Polen) darstellt. Hermann war ab 1009 Markgraf von Meißen. Als er 1038 starb wurde Ekkehard II. mit der Mark Meißen belehnt.

Zu 11) Auch bei dieser Figur fehlt ein Hinweis auf dem Schild. Da die Urkunde von 1249 einen „Grafen Konrad" aufführt, wird angenommen, dass der als Stifter in Naumburg begrabene Konrad von Camburg (+nach 1040), der Bruder Timos und Geros, dargestellt ist. Vielleicht handelt es sich aber auch um den Markgrafen Konrad den Großen (1098–1157), den Sohn Timos und Enkel des 1034 ermordeten Dietrich – einen direkten Vorfahren Heinrich des Erlauchten und des Naumburger Bischofs Dietrich[141]. (Das Gesicht dieser Figur fehlt übrigens seit alters her und ist erst im 19. Jahrhundert ergänzt worden.)

Zu 12) Im bischöflichen Schreiben von 1249 wird bei Graf Dietrich die Grafin Gerburg als Mitstifterin genannt und da ihre Statue zur Linken Dietrichs steht, ist anzunehmen, dass es sich um die Gattin Dietrichs von Brehna handelt.

Die Figurengruppe im Westchor des Naumburger Doms umfasst sechs Wettiner, vier Ekkehardinger, einen Grafen aus dem Geschlecht der Schwarzburg-Käfernburger und eine nicht identifizierte Person.

Der 1034 im Auftrag Ekkehard II. ermordete Graf Dietrich II. scheint in dieser Runde nicht anwesend zu sein. Wenn der Naumburger Meister jedoch – so die These – seinen Spielraum nutzte, um entsprechend seines waldensischen Glaubens die Frage von Schuld, Sühne und göttlicher Vergebung künstlerisch in Szene zu setzen, wenn er seine Botschaft (da ihm die darzustellenden Personen dieses Motiv geradezu vorgaben) in die Darstellung eines Prozesses vor dem Richterstuhl Gottes gegen Ekkehard II. wegen des Auftragsmordes an Dietrich II. im Jahre 1034 kleidete – dann stellt sich vor allem die Frage: Wo ist das Opfer?

Der Naumburger Meister wollte, dass seine „Predigt" verstanden wird, doch zugleich musste er sie tarnen. Würde er als Ketzer entlarvt, drohte ihm der Tod. Auch durfte er wahrscheinlich nicht riskieren, dass seine Auftraggeber die in den Kunstwerken versteckte Botschaft (zu früh) begreifen. Um den Naumburger Meister zu verstehen, muss man seine versteckten Hinweise erkennen, auf Gebärden und Posen, Mienenspiel und Blickrichtungen achten.

Tatsächlich gibt es eine Figur in der Runde, auf die die gesamte Szene ausgerichtet ist. Es ist der „comes occisus". Deutlich steht es auf seinem

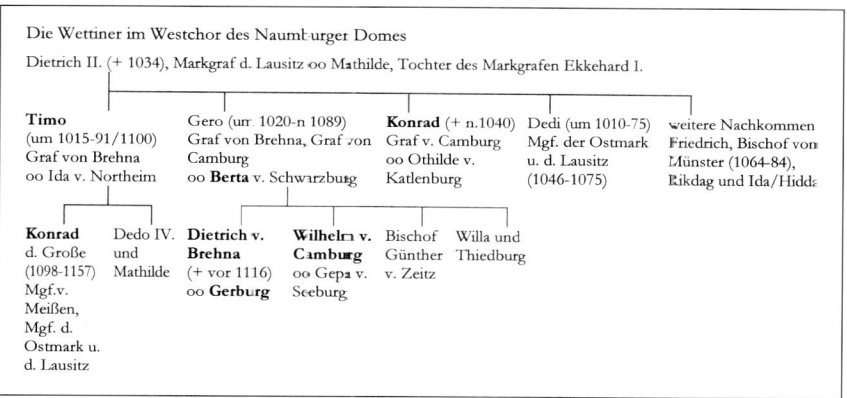

Die Wettiner im Westchor des Naumburger Domes

Dietrich II. (+ 1034), Markgraf d. Lausitz ⚭ Mathilde, Tochter des Markgrafen Ekkehard I.

Timo	Gero	Konrad	Dedi	weitere Nachkommen
(um 1015-91/1100) Graf von Brehna ⚭ Ida v. Northeim	(um 1020-n 1089) Graf von Brehna, Graf von Camburg ⚭ Berta v. Schwarzburg	(+ n.1040) Graf v. Camburg ⚭ Othilde v. Katlenburg	(um 1010-75) Mgf. der Ostmark u. d. Lausitz (1046-1075)	Friedrich, Bischof von Münster (1064-84), Rikdag und Ida/Hidda

Konrad d. Große (1098-1157) Mgf.v. Meißen, Mgf. d. Ostmark u. d. Lausitz — Dedo IV. und Mathilde — Dietrich v. Brehna (+ vor 1116) ⚭ Gerburg — Wilhelm v. Camburg ⚭ Gepa v. Seeburg — Bischof Günther v. Zeitz — Willa und Thiedburg

---

Schild: er wurde erschlagen, er ist das Mordopfer! „Occidere" – niederschlagen, niederhauen, niedermetzeln – aus der Vielzahl möglicher Verben ausgerechnet jenes Wort, mit dem der Hildesheimer Annalist den Mord an Dietrich II. beschreibt. „Ditmarus comes occisus"– das kann man als „der erschlagene Graf Dietmar" lesen.

Aber ebenso ließe sich die Inschrift mit „der allen bekannte, erschlagene Graf" übersetzen. Der Name „Dietmar" ist althochdeutsch und besteht aus den Worten „diot" (= das Volk) und „mari" (= berühmt oder sagenhaft). Die Liste Bischof Dietrichs von 1249 erwähnt keinen „Grafen Dietmar" als Stifter. Fügte der Naumburger Meister diese Figur ein? Verbarg er in der Schildinschrift die Identität des Opfers?

Um das Opfer einer Bluttat handelt es sich ganz offenkundig. Der Schild des Grafen verdeckt seinen Mund – mit verschlossenem Mund aber werden üblicherweise Tote dargestellt. Genau dort, wo der Schild seine Lippen verbirgt, steht in deutlichen Lettern – wie durch die Sprechblase eines modernen Comics geradezu „hörbar" – die Anklage: „OCCISUS" („NIEDERGEMETZELT"). Der Graf „trägt kein Koller, ein Zeichen, dass ihn die kriegerische Situation überrascht hat"[142]. Er greift nicht an, sondern versucht, einen unerwarteten Angriff abzuwehren. Hinter dem Schild zieht er sein Schwert. Vergebens versucht man, sich die Waffe hinter der Rundung des Schildes vorzustellen. Sie ist viel zu kurz, vielleicht

---

141 Auf seinem Schild soll in früherer Zeit „Conradus comes" oder sogar „Racus mag comes" („Conradus magnus", Konrad der Große) gestanden haben – einer anderen Quelle zufolge aber „Deodoricus Com." („Graf Dietrich", siehe 1.) Siehe Schubert, Ernst/Jürgen Görlitz: Die Inschriften des Naumburger Doms und der Domfreiheit. Berlin 1959, S. 20, Anmerkung 7.

142 Bergner, Beschreibende Darstellung, a.a.O., S. 110.

zerbrochen. Jeder Versuch, sich mit diesem Schwert zu verteidigen, scheint aussichtslos. Oder hat die Geste eine andere Bedeutung? Fordert der niedergemetzelte Graf im Reich des Todes, vor dem Richterstuhl Christi, den wahren Mörder zum gerichtlichen Zweikampf heraus? Die Augen des „comes occisus" richten sich auf die Person zu seiner Linken, als suche er dort Beistand in dem ihm zugefügten Unrecht.

Links steht Graf Syzzo. Er ist der Einzige in der Runde, der nicht unmittelbar zur Familie der Wettiner oder der Ekkehardinger gehört. Nur er trägt einen Bart – der ihn als reifen, weisen Mann charakterisiert. Er ist der „Unabhängige", der „Älteste", der Richter. Wie in den Abbildungen des Sachsenspiegels kennzeichnet ihn als Richter das „Gerichtsschwert", das er als Einziger geschultert trägt. Mitfühlend (und vielleicht auch noch etwas zweifelnd) blickt er auf den „erschlagenen Grafen" zu seiner Rechten (rechts, wo nach Matthäus die Unschuldigen am Richterstuhl Christi Platz nehmen werden).

Leid, Trauer und auch Wut prägen die Standbilder aller anderen Wettiner[143].

Traurig empfängt die edle Gestalt Gerburgs jeden Besucher. Ihr gegenüber eröffnet Dietrich von Brehna den Stifterkreis, den Blick in den Chorraum gerichtet – jeden Hereinkommenden auffordernd, mit ihm die Szene zu betrachten. Seine Schwerthand ist verhüllt, was in der Bildsprache des Mittelalters Trauer und das Wissen um Schuld ausdrückt[144]. Der Mund des sichtlich bewegten Mannes ist leicht geöffnet, als habe er vor, die Schuld, um die er weiß, auszusprechen. Erregt blickt Dietrich in den Raum hinein und sein Kragen ist weit geöffnet, als wolle er sich Luft verschaffen. Neben ihm steht in sich gekehrt, von der Last ihres Mantels wie von einem schweren Schicksal bedrückt, die Witwe Bertha, die Schwiegertochter Dietrich II. Schließlich zwei weitere Wettiner, die in der Komposition eine hervorgehobene Position einnehmen – zwei der engsten Angehörigen des Opfers: Dietrichs Sohn Timo und sein Enkel Wilhelm. Der Künstler hat sie in das Chorhaupt hinter den Altar platziert, direkt neben den „erschlagenen Grafen" und den „Richter" Syzzo. Beide zeigen völlig unterschiedliche, gleichwohl wahrlich grundlegende menschliche Reaktionen auf eine Gewalttat, wie sie in dieser Runde ganz offensichtlich verhandelt wird: schwermütig und gramvoll Wilhelm – wütend und hasserfüllt Timo.

Wilhelms rechter Arm ist verhüllt – wieder ein symbolischer Hinweis

---

143 Gerburg, Dietrich, Bertha, Wilhelm und Timo (Konrads Kopf wurde ersetzt).
144 Hinz: Der Naumburger Meister, a.a.O., S. 30.

„Ditmarus comes occisus".   „Syzzo comes do".

auf die Schuld, um die es hier geht. Obgleich Wilhelm Schild und Schwert
trägt, wirkt er nicht kämpferisch. Vielmehr steht hier ein empfindsamer,
schwärmerischer Mensch. Seine gesamte Gestalt scheint von Kummer
durchwoben. Gramvoll und melancholisch blickt er zum „comes occisus".

Timo dagegen – der Unbeherrschte, von dem die Legende berichtet,
er habe als junger Mann einen Kontrahenten, der ihn im Wettstreit besiegt hatte, niedergestochen – ist aufgebracht. Es kocht in ihm, aber noch

schlägt er nicht zu. „Timo" ist ein von „Dietmar/Tietmar" abgeleiteter Name und so ist es durchaus denkbar, dass der Naumburger Meister auch in den beiden Namen einen Hinweis auf die verwandtschaftliche Beziehung zwischen Timo und Dietmar versteckt hat. Ebenso wie Dietmar, finden wir Timo nicht unter den von Bischof Dietrich 1249 aufgezählten „ersten Stiftern". Wieder muss man annehmen, dass der Naumburger Meister diese Figur bewusst in den Stifterzyklus integrierte, um seine eigene Botschaft zu verkünden. Der Künstler hat Timo als jungen Mann dargestellt. Sein Gesichtsausdruck wirkt merkwürdigerweise eher „kindlich-schmollend" als aggressiv und seine Haltung zeigt keine Kampfbereitschaft. Schlaff fassen seine Hände Schwert und Schild. Er kann (oder will) nicht Vergeltung üben. Er ist nicht „schuldbeladen", vielmehr „kindlich-unschuldig". Ohnmächtig und wütend blickt Timo auf Ekkehard. Jeder kann sehen, gegen wen sich sein Zorn richtet.

Ekkehard – der mächtige Markgraf, der Gründer des Naumburger Domes, stark, energisch, achtungsgebietend – wird er in dieser Szene tatsächlich eines Mordes beschuldigt? Es scheint undenkbar und in der bisherigen Forschung ist solch ein Verdacht unseres Wissens bisher nie geäußert worden[145]. Die Körpersprache, Mimik und Gestik Ekkehards und

Gerburg   Dietrich   Bertha

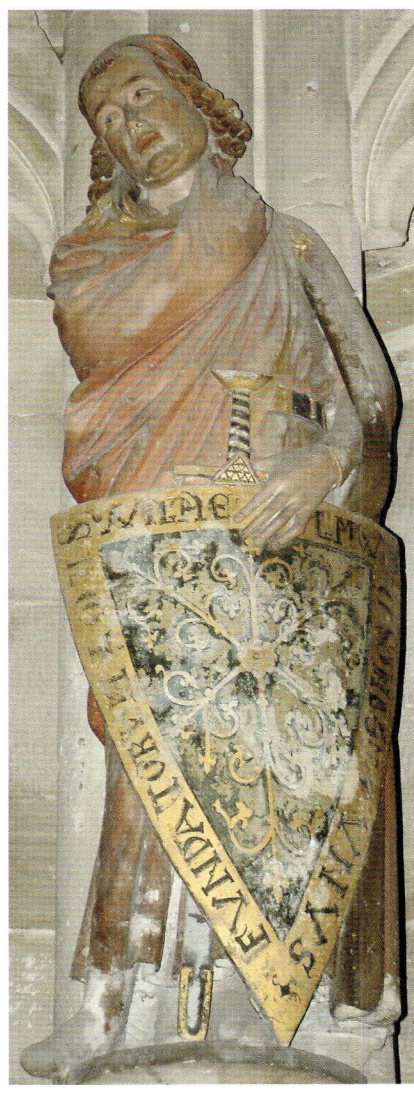

Wilhelm von Camburg   „Timo de Kistericz"

145 Dass Ekkehard seinen Schwager ermorden ließ (also selbst schuldbeladen ist),
wird durchaus in der Literatur zu den Stifterfiguren erwähnt, aber die These, dass Markgraf Ekkehard in der Szene wegen des Schwagermordes angeklagt wird, wurde so bisher
noch nicht formuliert.

anderer auf ihn bezogener Statuen lassen diese Vermutung jedoch durchaus zu. Timo wendet sich anklagend gegen den links von ihm Stehenden (links, wo nach Matthäus die „Böcke", die „Verfluchten", stehen werden, um ihre „ewiges Strafe" zu empfangen). Seine Gattin, die Markgräfin Uta, distanziert sich deutlich von ihm. Es ist schon viel gerätselt worden, warum sie derart abweisend ist. Ernst blickt sie und „als ob es sie schaudert" hat sie sich tief in den schweren Mantelstoff hineingehüllt. Den Kragen schlägt sie über der rechten Schulter hoch, als suche sie dahinter Schutz vor dem Mann an ihrer Seite. Ihre rechte Hand ist dabei in den Stoff gehüllt – wie bereits erwähnt ein Hinweis auf Schuld. Und Ekkehard selbst? Sein Blick richtet sich auf den „comes occisus", der ihn zum gerichtlichen Zweikampf herausfordert. Ekkehards Gesichtsausdruck wirkt dabei keineswegs stolz – eher wachsam, vielleicht argwöhnisch oder sogar ängstlich. Als Einziger unter den Stifterfiguren hält er das Schwert kampfbereit vor dem Schild[146] und seine rechte Hand greift den Schwertriemen, den er gerade abstreift (eine Geste der Tatbereitschaft)[147]. Doch einen Zweikampf, wie ihn die Rechtssprechung der Zeit vorsah, um sich in einer Art Gottesurteil von der Schuld zu befreien, kann es unter Verwandten nicht geben[148]. Die umstehenden Stifter bezeugen am Altar, dass Ekkehard und sein Opfer Dietrich II. verschwägert waren[149].

Die Anklage richtet sich ausschließlich gegen Ekkehard. Es geht um eine persönliche Schuld, die nicht die Familie der Ekkehardinger insgesamt trifft. Der Naumburger Meister hat die unmittelbaren Angehörigen Ekkehards deutlich als „unschuldig" gestaltet. Von der sich distanzierenden Uta war bereits die Rede. Ekkehards Bruder Hermann – immerhin der ältere der beiden Brüder und bis zu seinem Tode der Markgraf von Meißen – wirkt erstaunlich schwächlich, verträumt und zaghaft. Dies ist kein machtbesessener Herrscher, dem im politischen Ränkespiel jedes Mittel recht ist. Seine Gattin Reglindis verbreitet unbeschwerte Lebensfrische und

146 Nur drei Schwerter sind nicht hinter dem Schild verborgen: Syzzo trägt das „Gerichtsschwert", Dietrichs Schwert ist nicht zum Kampf gezogen, sondern abgegürtet (eine Bewegung des Abrüstens, es findet kein Kampf statt, ein gerichtlicher Zweikampf unter Verwandten ist nicht zulässig).

147 Oder zurückschiebt – der Kampf findet nicht statt (Verbot des gerichtlichen Zweikampfes zwischen Verwandten).

148 Sachsenspiegel: Verweigerung des Zweikampfes zwischen Verwandten, „wenn einer von ihnen dies zu siebt mit dem Eid auf die Reliquien beschwört." Siehe Schott, Sachsenspiegel, a.a.O., S. 86 (Landrecht, I/63).

149 Sieben Zeugen: Dietrich, Timo, Wilhelm, Hermann, Konrad sowie Bertha und Gerburg (beide Frauen tragen als Zeichen ihrer Rechtsmündigkeit das Evangelium).

Ekkehard und Uta

Hermann und Reglindis

Freundlichkeit. Alle drei Figuren sind jugendlich dargestellt, ebenfalls ein Sinnbild der Unschuld.

Die Schuld, die Ekkehard auf sich geladen hat, trifft nicht die Nachkommen. Sie sind mit sich und Gott versöhnt. Der „dunkle Punkt" in der Familiengeschichte, über den die „genealogia wettinensis" schweigt, ist offen angesprochen. Die „Stammmutter" der Wettiner ist die Schwester der Brüder Hermann und Ekkehard. Deren Güter und Rechtstitel gehen an die Nichten und Neffen (einschließlich des Erbanspruchs auf die Vogtei des Hochstifts) bis hin zu Heinrich dem Erlauchten, dem Stiftsvogt des Naumburger Domes zu der Zeit, als der Westchor geschaffen wurde. Auftraggeber dieses Gesamtkunstwerkes waren Wettiner. Der waldensisch gesinnte Baumeister hat den ihm gegebenen Spielraum für sein ikonographisches Programm ausgeschöpft: In seiner Darstellung der Kreuzigung und des Weltgerichtes verbirgt er seine Kritik an der kirchlichen Lehre von Fegefeuer, Totenreich, Ablass, Heiligenverehrung … – und an weltlichem Unrecht. Er enttabuisiert den Schwagermord des Jahres 1034, entsprechend dem Bibelwort: „Wir müssen alle offenbar werden vor dem Richterstuhl Christi"[150]. – „Ob er hart sei oder gnädig, es bleibt der hier gefällte Spruch".

150 2. Korintherbrief 5, Vers 10.

Die Quellen schweigen nicht!

Schweigen die Quellen über Landsberg?

Sicher, gerade zum 11. und 12. Jahrhundert liegen schriftliche Nachrichten über die politischen Verhältnisse in unserem Raum und über die Burg Landsberg nur sehr spärlich vor. Die wenigen zeitgenössischen Chroniken und Urkunden sind nicht immer zuverlässig und für uns heutige Leser (die wir nach 800 Jahren nicht mehr alle Zusammenhänge kennen können) mitunter unverständlich. Manchmal widersprechen die alten Schriften einander und nicht selten werden die Ereignisse verklärt, bemäntelt und beschönigt. Hinzu kommt, dass unser Geschichtsbild stark von späteren Chronisten und Historikern geprägt ist, denen Landsberg – aus unterschiedlichen Gründen – aus dem Blickfeld geraten war. Insbesondere die Geschichtsschreiber des Hauses Wettin betrieben Geschichtsklitterung und konstruierten einen Vorrang der meißnischen Linie gegenüber den Landsberger Markgrafen (obgleich dies für die Zeit vor 1210 durch nichts gerechtfertigt ist). Schon im frühen 18. Jahrhundert argwöhnte deshalb ein Historiker: „Als aber dieses Fürst Diterichen Nachkommen auch die beiden Marken Meissen und Lausitz an sich bracht, und gemeiniglich derjenigen, so unter ihnen Lausitz besessen, auch Landsberg darneben gehabt, welche sich nur Marchiones Orientales [Markgrafen der Ostmark] geschrieben, ist der Titel der Mark Landsberg endlich aussengelassen, und also unbräuchlich worden, [...] Oder vielleicht haben sie Landsberg mit Fleiß so vergeringern und herunter setzten wollen, damit Meissen destomehr erhoben würde und diesem die Markgräfliche Würde allein vorbehalten bliebe"[151]. Neben bewussten Geschichtsfälschungen findet man in der Literatur aber auch Irrtümer und Fehlinterpretationen. Sie halten sich hartnäckig und beeinflussen immer wieder unsere Vorstellungen, zumal sich die wissenschaftliche Forschung bisher kaum ernsthaft mit Landsberg beschäftigt hat.

Doch eigentlich ist die Quellenlage gar nicht immer so dürftig, wie es zunächst scheint. Einige der Schriftstücke wurden nur noch nicht in den richtigen Zusammenhang gebracht oder bisher anders interpretiert. In-

---

151 Horn, Johann Gottlob: Umbständlicher Bericht von dem alten Osterländischen Marggraffthum Landsberg. Dresden/Leipzig 1725, S. 86 (zitiert nach Weinkauf, Bernd: Von der großen Geschichte der kleinen Doppelkapelle von Landsberg. Vergessliche Gegenwart. In: Energie-Journal 1/2006, S. 28.)

zwischen vorliegende Veröffentlichungen von Übersetzungen und Quellenanalysen erleichtern den Zugang und die Arbeit mit ihnen. Neben den schriftlichen Nachrichten gibt es Bauwerke und Bodenfunde, die Aufschluss geben können. Die Forschung zum Mittelalter bringt immer wieder neue Ergebnisse hervor, die – wenngleich nicht Landsberg direkt betreffend – durchaus im Zusammenhang mit der Landsberger Geschichte stehen. Die Kenntnis solcher analoger Vorgänge kann neue Einsichten zu Landsberg bringen, exaktere Fragestellungen und damit gezieltere Recherchen ermöglichen.

Die Quellen schweigen nicht!

Es bedarf allerdings einiger historischer Kleinarbeit, die Hinweise zu finden, die Zusammenhänge mit der Landsberger Geschichte zu erkennen und die Fülle des Materials aufzubereiten. Das ist ein Prozess, den wir längst noch nicht als abgeschlossen betrachten. Wir kommen jedoch zunehmend zu der Überzeugung, dass die historischen Quellen zur Geschichte Landsbergs von großer Dichte und Zuverlässigkeit sind. Noch sind nicht alle Details geklärt und einige Fragen bleiben offen. Doch mit dem vorliegenden Buch meinen wir, wieder etwas mehr Licht in das Dunkel der Geschichte gebracht zu haben.

Insbesondere folgende Aussagen seien hier hervorgehoben:

1) Landsberg muss in der ersten Hälfte des 11. Jahrhunderts zum Sitz der Markgrafen der Ostmark geworden sein.

Der erste Markgraf der Ostmark, der nachweisbar seinen Sitz in Landsberg hatte, war Ekkehard II. Zu jener Zeit waren die Ostmark und die Mark Lausitz (Nieder-Lausitz) noch nicht zu einem Markenterritorium verschmolzen. Der Konflikt zwischen dem Markgrafen der Ostmark, Ekkehard II., und dem mit der (Nieder-)Lausitz belehnten Dietrich führte 1034 zum Schwagermord. Der Tatort war wahrscheinlich Landsberg. Die Ereignisse um 1034 und die damaligen Machtkonstellationen sind ein Schlüssel für das Verständnis des Aufstiegs der Burkhardinger (bzw. „Wettiner") zu Markgrafen, Kurfürsten und Königen.

2) Der Aufstieg der „Wettiner" nahm seinen Anfang in der Region um Landsberg.

Dietrich II. war der erste „Wettiner", der mit einem Markgrafenamt belehnt worden ist. Seinen Sitz hatte er als Graf im Gau Siusile sehr wahrscheinlich im Hauptort dieses Territoriums: in der „civitas Holm", die mit Landsberg identisch ist. Dietrichs Ermordung 1034 hatte zunächst zur Folge, dass seine Nachkommen Landsberg mieden (die Markgrafen sitzen in Eilenburg, die Burggrafen in Brehna). Doch der Aufstieg des Adelsgeschlechtes setzte sich fort und bereits Dietrichs Enkel, Heinrich I., vereinte die drei Markgrafschaften (die Ostmark, die Mark Lausitz und die Mark Meißen) in einer Hand und beherrschte damit erstmals das Territorium, das die Basis der Machtentfaltung der Wettiner werden sollte. Zwar residierten Heinrich I. (+1103) und sein Sohn, Markgraf Heinrich II. (+1125), in Eilenburg, aber schon unter Konrad dem Großen (+1157), vor allem jedoch unter dessen Sohn, Markgraf Dietrich von Landsberg (+1185), gelangte Landsberg zu neuer Blüte. Allerdings begann nun auch ein Prozess der Verlagerung des Herrschaftszentrums der Wettiner in die Mark Meißen und der Verleugnung der in Landsberg liegenden Wurzeln.

3) Die in Landsberg ansässigen Markgrafen der Ostmark und der (Nieder-)Lausitz waren bis 1210 keine (unbedeutende) Nebenlinie der Wettiner.

Der letzte Markgraf der Ostmark und der (Nieder-)Lausitz, der in Landsberg residierte, war der Wettiner Konrad von Landsberg (+1210). Von Landsberg aus regierte er das Gebiet zwischen Saale und Oder, besiedelte das Land und versuchte, seinen Machtbereich nach Norden und nach Osten auszuweiten. Ebenso wie seine Vettern, die Markgrafen von Meißen, Albrecht der Stolze (+1195) und Dietrich der Bedrängte (+1221), war er ein reichsunmittelbarer Beamter, der Statthalter des Kaisers. Mit dem Tode seines Onkels (Otto der Reiche, +1190) wurde Konrad „Ältester" im Hause Wettin und damit auch Vogt des Familienklosters auf dem Lauterberg (Petersberg). Als Kaiser Heinrich VI. nach dem Tode des Markgrafen Albrecht dessen Bruder Dietrich dem Bedrängten die Belehnung mit der Mark Meißen verwehrte, wurde Konrad von Landsberg sogar der ranghöchste Fürst im sächsischen Raum.

4) Auf dem Landsberger Kapellenberg stand bis in das 16. Jahrhundert hinein eine gewaltige Burganlage. Sie fiel 1514 einem Strafgericht zum Opfer.

Bereits zu Beginn des 11. Jahrhunderts muss in Landsberg eine Burganlage gestanden haben, die die Burg des Markgrafen Ekkehard II. und die des [Burg-]Grafen Dietrich II. umfasste. Überliefert ist, dass Markgraf Dietrich von Landsberg um 1170 auf dem „Kapellenberg" eine Burg errichtete. Es handelte sich – entsprechend ihres Charakters als Reichsburg und ihrer Funktion als Sitz des Markgrafen der Ostmark und der Mark Lausitz – um eine gewaltige Festungsanlage, wie sie zur Stauferzeit üblich war. Diese Burg Landsberg war keine zweitrangige „Nebenburg" zu Meißen, sondern – ebenso wie die Burg Meißen – mit der Rechtsstellung des Markgrafenamtes verknüpft. Bisher nahm man an, dass die Burg Landsberg aufgrund des Bedeutungsverlustes Landsbergs bereits um 1300 aufgegeben worden sei und verfiel. Inzwischen ist belegt, dass die Burg bis Anfang des 16. Jahrhunderts bewohnt war. Nicht langsamer Verfall oder irgendeine Kriegshandlung zerstörten sie, sondern eine von den Wettinern initiierte Strafexpedition gegen den Schenken von Landsberg im Jahre 1514. Mit der Burg fiel auch die Stadt Landsberg der Zerstörung anheim. Lediglich die Doppelkapelle, die Eigentum des Hauses Wettin war, ließ man stehen.

5) Die Landsberger Doppelkapelle hatte einen Vorgängerbau, der wahrscheinlich bereits um 1150 errichtet worden ist.

Am Baukörper der Doppelkapelle findet man eindeutige Anhaltspunkte dafür, dass die heutige Kapelle einen Vorgängerbau gehabt hat: eine Basilika mit zwei Westtürmen. Im Türbogenfeld am Nordportal, das diesem ersten Bau zugeschrieben werden muss, ist das Motiv „Christus erlöst die Väter aus der Vorhölle" dargestellt. Das legt den Schluss nahe, dass der Bauherr dieser Kapelle mit dem Kirchenbau um die Entsühnung seiner und seiner Vorfahren Seelen bat. Dieser Gedanke der Sühne wird in Legenden dem Kloster Niemegk, das eine Gründung des Grafen Timo von Brehna war, zugeschrieben. Wir wissen, dass Timos Sohn, Konrad der Große, 1136 die Stiftung seiner Eltern in Niemegk zur Abtei erheben ließ. Im gleichen Jahr wurde Konrad mit der Ostmark belehnt. Dadurch erlangte er als zuständiger Markgraf Verfügungsgewalt über Landsberg – den Sitz seiner Vorfahren. Denkbar ist, dass er – der einige Jahre zuvor schon Markgraf von Meißen geworden war und in Meißen residierte – auf dem Landsberg eine neue Kirche für die Abtei Niemegk errichten ließ. So konnte er seinen Rechtsanspruch auf diesen Ort aber auch das Ende der in Eilenburg ansässigen markgräflichen Linie seiner Familie (mit der er in heftiger Rivalität gestanden hatte) dokumentieren. Bestätigt werden diese Überlegungen durch ein urkundlich überliefertes Tauschgeschäft im Jahre 1161. Konrads Sohn, Dietrich von Landsberg, überließ den Petersberger Chorherren die Parochie Eilenburg, die Eilenburger Burgkapelle und weitere Besitzungen, um Eigentümer der „Türme der großen Kirche" der inzwischen (1150) dem Petersberger Kloster inkorporierten Stiftung Niemegk zu werden. Wenn auf dem Landsberg tatsächlich eine Kirche stand, die (als Bestandteil der einstigen Rechtsgröße „Stiftung Niemegk") dem Chorherrenstift auf dem Petersberg gehörte, so musste Dietrich bevor er mit dem Bau seiner Burg in Landsberg beginnen konnte, die Eigentumsverhältnisse klären.

6) Der Umbau der Burgkapelle Landsberg zur Doppelkapelle geschah um 1200 und ist Ausdruck der hohen gesellschaftlichen Stellung des letzten Markgrafen der Ostmark, der in Landsberg residierte.

Konrad von Landsberg, der seit 1190 Markgraf der Ostmark war, ließ die ehemalige Basilika grundlegend umgestalten. Er erweiterte die ehemalige Stiftskirche entsprechend ihrer Funktion als Burgkapelle einer Reichsburg nach dem Vorbild der kaiserlichen Burgen in Nürnberg und Eger zur Doppelkapelle. Die Basilika wurde zum Zentralbau und zur Ständekirche. Damit dokumentierte Konrad von Landsberg seinen hohen gesellschaftlichen Rang und sein Selbstverständnis als Markgraf und Statthalter des Kaisers.

7) Die Stifterfiguren im Naumburger Dom nehmen Bezug auf den Schwagermord von Landsberg im Jahre 1034.

Ekkehard II. ist für den Mord an seinem Schwager Dietrich II. zu Lebzeiten nie zur Rechenschaft gezogen worden. Die machtpolitisch motivierte Tat war in den herrschenden Kreisen der damaligen Zeit wohl ein akzeptables Mittel und sein Stand schützte ihn. Doch der Naumburger Meister hat die „moralische Frage" aufgeworfen. Weder Stand noch Reichtum – davon war er als Waldenser überzeugt – können den Menschen von der Verantwortung für seine Taten befreien. Vor Gottes Gericht zählen allein seine Taten. Der Stifterzyklus in Naumburg stellt dieses Weltgericht Christi dar (Abbildung und Spruch über dem Eingang zum Westchor können daran keinen Zweifel lassen). Gemäß seinem Auftrag, im Westchor Stifter des Naumburger Domes aus den Familien der Ekkehardinger und der Wettiner darzustellen, wählte er unseres Erachtens eine Gewalttat, die tatsächlich Angehörige dieser Verwandtengruppen betraf und die zudem ungebüßt geblieben war und nie vor einem weltlichen Gericht verhandelt wurde: den Auftragsmord Ekkehard II. an Dietrich II. im Jahre 1034. Die Beziehungen zwischen den im Naumburger Westchor dargestellten Personen lassen sich ausgehend von dieser These schlüssig erklären. Wir haben dies getan und stellen unsere Überlegungen hiermit zur Diskussion.

Wir waren bestrebt, die Quellen zu entschlüsseln und mit unserer Interpretation den historischen Ereignissen möglichst nahe zu kommen. Das vorliegende Buch verstehen wir zum einen als Beitrag zur wissenschaftlichen Diskussion und verbinden mit ihm die Hoffnung auf eine ernsthafte, sachliche Debatte, die weiterführende Erkenntnisse zur Geschichte Landsbergs und unserer Region ermöglicht. Zum anderen sehen wir dieses Buch aber vor allem auch als Angebot für die vielen geschichtsinteressierten Laien und Heimatfreunde, die mehr über die Vergangenheit unserer Region erfahren möchten.

Quellen- und Literaturverzeichnis
(Auswahl)

Ahlfeld, Richard: Die Gosecker Chronik (Chronicon Cozecense 1041–1135). In: Jahrbuch für die Geschichte Mittel- und Ostdeutschlands, Band 16/17, Berlin 1968.

Andert, Reinhold: Der Thüringer Königshort. Querfurt 1995.

Arens, Fritz: Die staufischen Königspfalzen. In: Hausherr, Reiner (Hrsg.): Die Zeit der Staufer. Bd. 3, Stuttgart 1977, S. 129–142.

Bachmann, Erich/Albrecht Miller: Kaiserburg Nürnberg. Amtlicher Führer. München 1994.

Bandmann, Günter: Mittelalterliche Architektur als Bedeutungsträger, Berlin 1951.

Beck, Friedrich Adolf: Geschichte der Burg Landsberg bei Halle in ihren Trümmern und Ueberresten. Halle 1824.

Bergner, Heinrich: Beschreibende Darstellung der älteren Bau- und Kunstdenkmäler der Stadt Naumburg. Halle 1903, Reprint, Naumburg 2000.

Biedermann, Rudolf: Geschichte der Herrschaft Teupitz und ihres Herrengeschlechts, der Schenken von Landsberg. In: Der Deutsche Herold, Berlin 1933/34.

Blaschke, Karlheinz: Siegel und Wappen in Sachsen. Leipzig 1960.

Ders./Walther Haupt/Heinz Wießner: Die Kirchenorganisation in den Bistümern Meißen, Merseburg und Zeitz um 1500, Weima, 1969.

Böhnhoff, L.: Das Bistum Merseburg, seine Diözesangrenzen und seine Archidiakonate. In: Neues Archiv für Sächsische Geschichte und Altertumskunde. Heft 2, 1914.

Bohac, Jaromir. Die Burg von Cheb. Prag 1978.

Dehio, Georg: Handbuch der deutschen Kunstdenkmäler, Bezirk Halle. Berlin 1978.

Freydank, Dietrich: Ortsnamen der Kreise Bitterfeld und Gräfenhainichen. Berlin 1962.

Führmann, Dietmar: Albrechtsburg Meissen. Halle 1997.

Gersdorf, Ernst Gotthelf von/Karl Friedrich von Posern-Klett/Otto Posse/Hubert Ermisch (Hrsg.): Codex diplomaticus Saxoniae regiae (CDSR). Leipzig 1864ff.

Giese, Waldemar: Die Mark Landsberg bis zu ihrem Übergang an die Askanier im Jahre 1291. In: Thüringisch-sächsische Zeitschrift für Geschichte und Kunst, Bd. VII, 1918.

Grimm, Paul: Die vor- u. frühgeschichtlichen Burgwälle der Bezirke Halle und Magdeburg. Berlin 1958.

Grundbuch Brehna, Band IV.

Hartmann, Wolfgang: Vom Main zur Burg Trifels – vom Kloster Hirsau zum Naumburger Dom. Aschaffenburg 2004.

Hausherr, Reiner (Hrsg.): Die Zeit der Staufer. Geschichte, Kunst, Kultur. Katalog zur Ausstellung. Stuttgart 1977.

Herbst, Lothar: Das Sühnekloster. In „Terra Bi". Heimatsagen aus dem Landkreis Bitterfeld. Bitterfeld 1995.

Herrmann, Joachim (Hrsg.): Die Slawen in Deutschland. Geschichte und Kultur der slawischen Stämme westlich von Oder und Neiße vom 6. bis 12. Jahrhundert. Berlin, 1985

Hinz, Paulus: Der Naumburger Meister. Berlin 1954.

Holtzmann, Robert: Geschichte der Sächsischen Kaiserzeit 900–1024. München 1979.

Horn, Johann Gottlob: Umbständlicher Bericht von dem alten Osterländischen Marggraffthum Landsberg. Dresden/Leipzig 1725.

Hotz, Walter: Kleine Kunstgeschichte der deutschen Burg. Darmstadt 1965.

Hülle, Werner: Westausbreitung und Wehranlagen der Slawen in Mitteldeutschland. Leipzig 1940.

Huf, Franz (Hrsg.): Thietmar von Merseburg. Chronik. 2 Bd., Essen 1990.

Jäckel, Günter (Hrsg.): Kaiser, Gott und Bauer. Die Zeit des Deutschen Bauernkrieges im Spiegel der Literatur. Berlin 1975.

Keyser, Erich (Hrsg.): Deutsches Städtebuch. Handbuch städtischer Geschichte. Bd. II (Mitteldeutschland). Stuttgart 1941.

Kirsch, Wolfgang: Chronik vom Petersberg. Halle 1996.

Köhler, M. Johann Jakob: Geschichte der Stadt und Grafschaft Brena. Transkribiert, übersetzt und bearbeitet von Armin Feldmann, Brehna 2003.

Krabbo, Hermann/Georg Winter: Regesten der Markgrafen von Brandenburg aus askanischem Hause. Leipzig, München, Berlin 1910ff.

Küas, Herbert: Zur Deutung der Figurenzyklen. In: Löffler, Fritz (Hrsg): Der Dom zu Naumburg. Berlin 1958.

Ders.: Die Naumburger Werkstatt. Berlin 1937.

Kutscher, Rolf: Geschichte der Burg und Stadt Landsberg. Teil I., Landsberg 1961.

Ders.: Geschichte Landsbergs 10.–14. Jahrhundert. Landsberg 1979.

Landesheimatbund Sachsen-Anhalt (Hrsg.): Konrad von Wettin und seine Zeit. Protokoll der Wissenschaftlichen Konferenz anlässlich des 900. Geburtstages Konrads von Wettin im Burggymnasium Wettin am 18. und 19. Juli 1998. Halle 1999.

Lange, Paul: Chronik des Bistums Naumburg und seiner Bischöfe. Naumburg 1891.

Lehmann, Johann Gottlieb: Delitzscher Stadtchronik. Ausgewählt durch Hans-Jürgen Moltrecht,. Teil 1–3, Delitzsch 1963ff.

Lippert, Woldemar/Hans Beschorner (Hrsg.): Das Lehnbuch Friedrichs des Strengen, Markgrafen von Meißen und Landgrafen von Thüringen 1349–1350. (Schriften der Königlich Sächsischen Kommission für Geschichte, Band 8), Leipzig 1903.

Löffler, Fritz (Hrsg): Der Dom zu Naumburg. Berlin 1958.

Möbius, Friedrich: Westwerkstudien. Jena 1968.

Monumenta Germaniae Historica, Bd. 1 (MGH-DD 1), Gesellschaft für Ältere Deutsche Geschichtskunde (Hrsg.): Die Urkunden der deutschen Könige und Kaiser. Bd. 1. Die Urkunden Konrad I., Heinrich I. und Otto I., Hannover 1879–1884.

Mrusek, Hans Joachim: Gestalt und Entwicklung der feudalen Eigenbefestigung im Mittelalter. Berlin 1973.

Neu, Heinrich: Die Geschichte der Doppelkirche von Schwarz-Rheindorf. In: 825 Jahre Doppelkirche Schwarzrheindorf. Bonn 1976.

Nickel, Heinrich L.: Untersuchungen zur spätromanischen Bauornamentik Mitteldeutschlands. In: Wissenschaftliche Zeitschrift der Martin-Luther-Universität Halle-Wittenberg (Gesellschafts- und sprachwissenschaftliche Reihe), Halle, 1953/54.

Ders.: Die Doppelkapelle zu Landsberg. Das Christliche Denkmal, Heft 48, Berlin 1968.

Pätzold, Stefan: Die frühen Wettiner. Köln/Weimar/Wien 1997.

Ders.: Herrschaft zwischen Saale und Elbe: Markgraf Konrad von Meißen und der Niederlausitz. In: Konrad von Wettin und seine Zeit. Halle 1999.

Peccenstein, Laurentius: Theatrum Saxonicum. Jena 1608.

Pinder, Wilhelm: Der Naumburger Dom und der Meister seiner Bildwerke. Berlin 1952.

Plathner, Carl: Die Kapelle „zum heiligen Kreuz" zu Landsberg bei Halle, Eckartsberga 1931.

Posse, Otto: Die Markgrafen von Meißen und das Haus Wettin, Leipzig 1881.

Ramm, Peter: Der Dom zu Merseburg. Merseburg 1963.

Ders.: Pfalz und Schloss zu Merseburg (Merseburger Land. Beiträge zur Geschichte und Kultur. 3). Dößel 1997.

Rat und Bürgerschaft von Landsberg an den Herzog zu Sachsen (1655). Acta, die Pastores zu Landsberg betreffend, anno 1615–1732, Pfarrarchiv Landsberg.

Raths, Kurt: Der Kaiserdom zu Königslutter. Königslutter 1968.

Riedel, Adolph Friedrich: Codex diplomaticus Brandenburgensis. Sammlung der Urkunden, Chroniken und sonstigen Quellenschriften für die Geschichte der Mark Brandenburg und ihrer Regenten. Berlin 1859.

Rode, Holger: Ergebnisse der archäologischen Untersuchung des Schlosses in Jessen, Ldkr. Wittenberg: die Baubefunde des 12. und 13. Jahrhunderts. In: Jahresschrift für mitteldeutsche Vorgeschichte, 86/2003.

Rosenfeld, Felix: Urkundenbuch des Hochstifts Naumburg. (Geschichtsquellen der Provinz Sachsen und des Freistaates Anhalt, Neue Reihe 1), Magdeburg 1925.

Rupprecht, Georg: Der Kirchturm von Brehna. In: Heimatkalender der Muldekreise Bitterfeld und Delitzsch, 1933.

Schieckel, Harald: Herrschaftsbereich und Ministerialität der Markgrafen von Meißen im 12. und 13 . Jahrhundert. Köln/Graz 1956.

Schlenker, Gerlinde u.a.: Auf den Spuren der Wettiner in Sachsen-Anhalt. Halle 1993.

Dies.: Konrad I. (um 1098 bis 1157). Markgraf von Meißen und der sächsischen Ostmark. Halle 2007.

Schlesinger, Walter: Mitteldeutsche Beiträge zur deutschen Verfassungsgeschichte des Mittelalters. Göttingen 1961

Ders.: Zur Gerichtsverfassung des Markengebietes östlich der Saale im Zeitalter der deutschen Ostsiedlung. In: Mitteldeutsche Beiträge zur deutschen Verfassungsgeschichte, Göttingen 1961.

Schmarsow, August: Die Bildwerke des Naumburger Domes. Magdeburg 1892.

Schmidt/Nitzschke: Ortskernuntersuchungen in Niemegk, Kr. Bitterfeld. In: Ausgrabungen und Funde Bd. XXVI, Heft 4/1981.

Schönermark, Gustav: Bau- und Kunstdenkmäler des Kreises Delitzsch. Halle 1892.

Ders.: Bau- und Kunstdenkmäler des Kreises Bitterfeld. Halle 1893.

Schott, Clausdieter (Hrsg.): Eike von Repgow. Der Sachsenspiegel. Zürich 1996.

Schubert, Ernst/Jürgen Görlitz: Die Inschriften des Naumburger Doms und der Domfreiheit. Berlin 1959.

Schubert, Ernst: Der Naumburger Dom. Halle 1997.

Schürer, Oskar: Romanische Doppelkapellen. Eine typengeschichtliche Untersuchung. In: Marburger Jahrbuch für Kunstwissenschaft, Bd. V, 1929, S. 99–192.

Schultes, Ludwig August: Directorium diplomaticum oder chronologisch geordnete Auszüge von sämtlichen über die Geschichte Obersachsens vorhandenen Urkunden. Altenburg; Rudolstadt 1821–1825.

Schulz, Alwin (Hrsg.): Maximilian I. – Der Weisskunig. Nach den Dictaten und eigenhändigen Aufzeichnungen Maximilians I. zusammengestellt von Marx Treitsauerwein von Ehrentreitz. Wien, Holzhausen, 1888.

Schuppan, Uwe und Renate: Aus der Geschichte des Ortes Niemegk. Dessau 1998.

Sehmsdorf, Gottfried/Gunter George: Die Doppelkapelle auf der Burg Landsberg. Landsberg 1989.

Sehmsdorf, Gottfried: Die Zerstörung der Stadt und Burg Landsberg. In: Heimat-Jahrbuch Saalkreis 2006, Halle 2006.

Ders.: „Friede sei ihr erst Geläute…" – Gedanken zur Stiftskirche auf dem Petersberg. In: Heimat-Jahrbuch Saalkreis 2007, Halle 2007.

Seibt, Ferdinand: Glanz und Elend des Mittelalters. Eine endliche Geschichte. Berlin 1999.

Stach, Walter: Zur Naumburger Urkunde vom Jahre 1249. In: Küas, Herbert: Die Naumburger Werkstatt. Berlin 1937.

Websites:

http://www.mittelalter-genealogie.de

http://de.wikipedia.org/wiki

http://www.stadt-schildau.de

Weinkauf, Bernd: Von der großen Geschichte der kleinen Doppelkapelle von Landsberg. Vergessliche Gegenwart. In: Energie-Journal 1/2006, S. 27ff.

Willemsen, Carl Arnold: Apulien. Kathedralen und Kastelle. DuMont Kunst-Reiseführer, Köln 1973.

Wolfram, Rudolf/Hans-Jochen Drafehn: Die Klosterkirche in Thalbürgel. Berlin 1971.

Worbs, Johann Gottlob: Geschichte der Herrschaften Sorau und Triebel. Sorau 1826.

Zieg, Michael: Dietmar. Eine Annäherung an die Grafen von Selbold-Gelnhausen und ihre Geschichte. Hanau 2000.

Zeittafel

919–936	Regierungszeit Heinrich I.
936–973	Regierungszeit Otto I. (Kaiserkrönung 962).
937	Gero wird Markgraf der sächsischen Ostmark (937–965).
948	Gründung der Bistümer Havelberg und Brandenburg.
955	Sieg Otto I. über die Ungarn auf dem Lechfeld bei Augsburg.
961	Otto I. beschenkt das Moritzkloster in Magdeburg mit dem Kirchenzehnt verschiedener slawischer Gaue, unter anderem des Gaues Siusile und seiner Hauptburg Holm (erste urkundliche Erwähnung Landsbergs als „civitas Holm").
963	Markgraf Gero unterwirft die Gaue Lausitz und Selpuli.
965	Tod des Markgrafen Gero, Neuordnung der Grenzgebiete in drei Territorien, die je einem Markgrafen (den Markgrafen Gunther, Wigger und Wigbert) unterstellt waren (die territoriale Gliederung entsprach den späteren Bistumssprengeln Meißen, Merseburg und Zeitz). Markgraf der Nordmark wird der Billunger Dietrich von Haldensleben (führt ab 968 den Titel „Dux").
vor 969	Thietmar (+nach 979, Christiansippe), ein Neffe des Markgrafen Gero, wird Markgraf der Ostmark.
um 966	Bildung des Bistums Posen/Gnesen (unter Mieszko I. aus der Dynastie der Piasten, Regierungszeit 960–992).
968	Bildung der drei Sorbenbistümer Meißen, Merseburg und Zeitz sowie des Erzbistums Magdeburg, dem diese drei Bistümer und die zuvor gegründeten Bistümer Havelberg, Brandenburg und Gnesen unterstellt werden.
971	Einsetzung Gisilers als Bischof von Merseburg.
973–983	Regierungszeit Otto II. (967 zum Mitkaiser gekrönt, 972 Heirat mit der byzantinischen Prinzessin Theophanu).
981	Aufhebung des Bistums Merseburg auf Betreiben Bischof Gisilers. Tod des Markgrafen Wigger (er soll bei seinem Tod die drei Marken Merseburg, Zeitz und Meißen inne gehabt haben). Markgraf wird Gunther (siehe 965).
982	Tod des Markgrafen Gunther, Rikdag wird Markgraf von Meißen (evtl. vereinigt auch er noch die drei Marken Merseburg, Zeitz und Meißen).
983/994–1002	Regierungszeit Otto III. (Kaiserkrönung 996).
983	Slawenaufstand in den östlichen Grenzmarken (die Bistümer Brandenburg und Havelberg gehen de facto unter).
985	Tod des Markgrafen Dietrich von Haldensleben, Markgraf der Nordmark wird Lothar von Walbeck (+1003, „Haus Walbeck"). Markgraf Rikdag gründet das Kloster Gerbstedt (es wird Verwandtschaft zu den Wettinern vermutet). Tod des Markgrafen Rikdag. Sein Nachfolger als Markgraf von Meißen wird Ekkehard I. (Sohn des Markgrafen Gunther, siehe 965).

993	Gero II. (+1015, entstammt der „Christiansippe", Sohn des nach 979 verstorbenen Markgrafen Thietmar und der Swanhild) wird Markgraf der Ostmark und Markgraf der Nieder-Lausitz.
1002	Tod Kaiser Otto III.
	Bei einer Beratung „über den Zustand des Reiches" sind die drei Markgrafen Lothar (Nordmark), Ekkehard I. (Meißen) und Gero II. (Ostmark) zugegen.
	Ermordung des Markgrafen Ekkehard I. (Sohn des Markgrafen Gunther, Thronanwärter).
1002–1009	Markgraf von Meißen ist Gunzelin (Sohn des Markgrafen Gunther, Bruder Ekkehard I.).
1002–1024	Regierungszeit Heinrich II. (Kaiserkrönung 1014).
1004	Tod Gisilers. Wiederherstellung des Bistums Merseburg (die Bistümer Meißen und Zeitz werden in ihre alten Sprengelgrenzen verwiesen).
1009	Ermordung Dedis (Wettiner, er war verheiratet mit Thiedburg, Tochter des Markgrafen der Nordmark, Dietrich von Haldensleben).
	Hermann (+1038, Sohn des Markgrafen Ekkehard I.) wird Markgraf von Meißen (Hermann war 1004–1007 Markgraf der Ober-Lausitz).
1009–1018	Bischof des Bistums Merseburg ist Thietmar von Merseburg.
1015	Tod des Markgrafen Gero. Geros Sohn Thietmar II. (+1030) wird Markgraf der Ostmark.
1017	Die Lausitz fällt an Polen (bis 1030/31).
1024–1039	Regierungszeit Konrad II. (Salier, Kaiserkrönung 1027).
1028	erteilt Papst Johannes XIX. die Genehmigung für die Verlegung des Bistumssitzes von Zeitz nach Naumburg.
1030	Tod des Markgrafen Thietmar. Thietmars Sohn Hodo II. (+1032) wird Markgraf der Ostmark.
1032	Tod des Markgrafen Hodo II. (mit ihm stirbt die „Christiansippe" in der männlichen Linie aus). Ekkehard II. wird Markgraf der Ostmark.
1032/34	Dietrich II. wird Markgraf der (Nieder-)Lausitz.
1034	Ermordung des Markgrafen Dietrich II. im Auftrage Ekkehard II. Ekkehard II. (Markgraf der Ostmark) wird mit der Mark Lausitz belehnt.
1038	Tod des Markgrafen Hermann. Sein Bruder Ekkehard II. wird Markgraf von Meißen.
1039–1056	Regierungszeit Heinrich III. (Kaiserkrönung 1046).
1042	Im Urkundenbuch des Hochstifts Naumburg wird Ekkehard II. als „Ekkehard von Landsberg" bezeichnet.
1046	Ekkehard II. verstirbt erbenlos. Markgraf der Ostmark und Markgraf der (Nieder-)Lausitz wird Dedo/Dedi II. (+1075, Wettiner, Sohn des 1034 ermordeten Markgrafen Dietrich II.).
1053	Ersterwähnung der „Grafen von Brehna" auf einer in Goseck (bei Naumburg) ausgestellten Urkunde (genannt werden die Grafen Timo und Gero, zwei Söhne des 1034 ermordeten Markgrafen Dietrich II.).
1056–1106	Regierungszeit Heinrich IV. (Kaiserkrönung 1084, 1077–1080 Gegenkönig Rudolf v. Rheinfelden, 1081–1088 Gegenkönig Hermann v. Salm).
1075	Tod des Markgrafen Dedo/Dedi II. (Markgraf der Ostmark und Markgraf der Nieder-Lausitz). Markgraf wird Vratislav II., Herzog von Böhmen (1076–1031).

1086/90	Heinrich I. von Eilenburg (+1103, Sohn Dedo II.) wird 1086 Markgraf der Ostmark (und der Nieder-Lausitz) und 1090 Markgraf von Meißen. Er ist der erste „Wettiner", der die drei Markgrafschaften – die Ostmark, die (Nieder-)Lausitz und Meißen – in einer Hand vereint.
um 1089	Gründung des Klosters Niemegk durch den Grafen Timo von Brehna.
1103/04	Heinrich II. von Eilenburg (+1123, Sohn Heinrich I. von Eilenburg) wird 1103 Markgraf der Ostmark (bis 1117) und Markgraf der (Nieder-)Lausitz und 1104 Markgraf von Meißen.
1106–1125	Regierungszeit Heinrich V. (Kaiserkrönung 1111).
1115	Schlacht am Welfesholz.
1117	Wiprecht von Groitzsch (+1124) wird Markgraf der Ostmark.
1123	Tod des Markgrafen Heinrich II. von Eilenburg. Wiprecht von Groitzsch wird Markgraf von Meißen und Markgraf der (Nieder-)Lausitz.
1124	Gründung des Stiftes auf dem Petersberg durch Dedo (Sohn des Grafen Timo, Wettiner) und Tod Dedos.
	Tod Wiprechts von Groitzsch. Sein Sohn Heinrich von Groitzsch (+1136) wird (nach 1128/1130) Markgraf der Ostmark und Markgraf der (Nieder-)Lausitz.
1125–1137	Regierungszeit Lothar III. (von Süpplingenburg), (Kaiserkrönung 1133).
1125	Konrad (+1157, „Konrad der Große"), Sohn des Grafen Timo, stattet das Stift auf dem Lauterberg (Petersberg) großzügig aus.
1127	Konrad der Große wird Markgraf von Meißen (bis 1156).
1136	Konrad der Große wird Markgraf der Ostmark und Markgraf der (Nieder-)Lausitz (bis 1156). Er lässt das Kloster Niemegk zur Abtei erheben (und vermutlich eine Kirche der Abtei Niemegk auf dem Landsberg errichten).
1138–1151	Regierungszeit Konrad III. (Staufer, 1127–1135 Gegenkönig zu Lothar III.).
1150	Aufhebung der Abtei Niemegk. Die Besitzungen des Klosters werden dem Stift auf dem Petersberg übertragen.
1151–1190	Regierungszeit Friedrich I. (Barbarossa), (Kaiserkrönung 1155).
1152/54	Wichmann von Seeburg (+1192, ein Neffe Konrads des Großen) wird Erzbischof von Magdeburg.
1156	Abdankung Konrads des Großen und Eintritt in das Kloster auf dem Lauterberg (Petersberg). Seine Besitzungen und Titel werden an seine Söhne übertragen. Die Marken werden neu vergeben: Markgraf von Meißen wird Otto der Reiche (+1190), Markgraf der Ostmark und der (Nieder-)Lausitz wird Dietrich von Landsberg (+1175).
1157	Konrad der Große stirbt als Laienbruder auf dem Petersberg.
1161	Markgraf Dietrich von Landsberg ertauscht die Kirchen des ehemaligen Klosters Niemegk. Beginn des Burgenbaues auf dem Landsberg.
1165	Gründung des Klosters Dobrilugk durch Markgraf Dietrich von Landsberg (heute Doberlug-Kirchhain).
	Markgraf Otto der Reiche verleiht Leipzig das Stadtrecht und das Marktrecht (gilt als Gründungsurkunde der Stadt).
1170	Dietrich von Landsberg gründet Schildau.
1174	Verteidigung Spörens durch Graf Friedrich I. von Brehna und Graf Konrad (Sohn des Markgrafen Dietrich von Landsberg).

1185	Tod des Markgrafen Dietrich von Landsberg. Markgraf der Ostmark wird Dedo von Rochlitz und Groitzsch (Bruder Dietrichs von Landsberg).
1190–1197	Regierungszeit Heinrich VI. (Kaiserkrönung 1191).
1190	Tod des Markgrafen Dedo. Sein Sohn Konrad wird Markgraf der Ostmark und der (Nieder-)Lausitz.
	Tod des Markgrafen Otto. Sein Sohn Albrecht der Stolze wird Markgraf von Meißen.
	Mit dem Tod der letzten Söhne Konrads des Großen (Dedo und Otto) wird Dedos Sohn Konrad von Landsberg „Ältester" im Hause Wettin und Vogt des Klosters auf dem Lauterberg (Petersberg).
1195	Tod Albrecht des Stolzen. Kaiser Heinrich VI. zieht die Mark Meißen als Reichsgut ein und verweigert Dietrich (dem Bedrängten) die Belehnung mit der Mark Meißen, die dem Reichsterritorium „Pleißeland" angegliedert werden soll. Markgraf Konrad von Landsberg ist nun ranghöchster Markgraf im sächsischen Raum.
1195–1200	Bau der Doppelkapelle auf dem Landsberg.
1197	Tod Kaiser Heinrich VI.
1198	Doppelwahl, bis 1208 zwei Könige: Philipp von Schwaben und Otto IV., Ausbruch des staufisch-welfischen Bürgerkrieges (1198–1215 „deutscher Thronstreit").
1198–1208	Regierungszeit Philipps von Schwaben (Staufer).
1198–1218	Regierungszeit Otto IV. (Welfe, Kaiserkrönung 1209).
1203	Graf Otto von Brehna verteidigt Landsberg.
1209	Markgraf Konrad von Landsberg urkundet in Köpenick und erobert Lebus.
1210	Konrad von Landsberg verstirbt ohne männliche Erben. Otto IV. belehrt (nach Zahlung eines hohen Geldbetrages) Dietrich den Bedrängten (Markgraf von Meißen) mit der Ostmark.
1212–1250	Regierungszeit Friedrich II. (Staufer, Kaiserkrönung 1220, 1228–1235 als Mitkönig sein Sohn, Heinrich VII.).
1216	Niederschlagung eines Aufstand der Leipziger Bürger gegen Markgraf Dietrich den Bedrängten (als „Markgraf der Ostmark" ist er nun der markgräfliche Stadtherr).
1221	Tod Dietrich des Bedrängten. Markgraf von Meißen und Markgraf der Ostmark wird sein Sohn, Heinrich der Erlauchte (+1288).
1230/31	Endgültige Bestätigung Naumburgs als Bischofssitz durch Papst und Kaiser.
1246/47	Gegenkönig Heinrich Raspe.
1247–1256	Wilhelm von Holland ist Gegenkönig gegen Friedrich II. und Konrad IV.
1247–1263	„Thüringer Erbfolgekrieg". Heinrich der Erlauchte setzt sich gegen die Besitzansprüche der Landgräfin Sophie (Nichte des letzten Ludowingers, Heinrich Raspe) durch.
1249	Der Naumburger Bischof Dietrich II. ruft zu Spenden zur Vollendung des Naumburger Domes auf und nennt als Vorbild die ersten Stifter (hohe Übereinstimmung der Namensliste mit den im Westchor des Domes dargestellten Stiftern).
1250	Tod des Kaisers Friedrich II.

1250–1254	Regierungszeit Konrad IV.
1257–1272/73	„Interregnum" (Doppelwahl: Richard von Cornwall 1257–1272 und Alfons X. von Kastilien 1257–1273).
1259	Der Vertrag von Seußlitz beendet einen mehrjährigen Konflikt zwischen Heinrich dem Erlauchte und dem Naumburger Bischof Dietrich II. Das Bistum erkennt die Hoheitsrechte der Wettiner an.
1260	Für dieses Jahr sagt Joachim von Fiore (1130–1202) das „Weltgericht" voraus.
um 1260	Fertigstellung des Westchors am Naumburger Dom.
1261/65	Heinrich der Erlauchte, Landgraf von Thüringen, Pfalzgraf von Sachsen, Markgraf von Meißen und der Lausitz teilt „seine Länder" mit den Söhnen. Er gründet die „Markgrafschaft Landsberg", die nun kein kaiserliches Lehen, sondern ein Territorialfürstentum ist. Die „Markgrafschaft Landsberg" und das „Osterland" (mit Leipzig) erhält sein Sohn Dietrich der Weise (+1285).
1261–1291	„Markgrafschaft Landsberg".
1263	Schlacht bei Beesenstedt, Sieg der Wettiner im „Thüringer Erbfolgekrieg".
1273–1291	Regierungszeit Rudolf I. von Habsburg.
1285	Tod Dietrich des Weisen.
1288	Tod Heinrich des Erlauchten. Sein Sohn Albrecht der Entartete (+1307) wird Markgraf von Meißen. Sein Enkel (der Sohn Dietrich des Weisen) Friedrich Tuta (+1291) erhält die „Markgrafschaft Landsberg".
1291–1347	„Fürstenthum Landsberg".
1291	Tod des „Markgrafen von Landsberg", Friedrich Tuta. Die „Mark" bzw. das „Fürstenthum" Landsberg fallen an die Askanier, die sich fortan „Markgrafen von Brandenburg und Landsberg" nennen.
1292–1298	Regierungszeit Adolfs von Nassau.
1298–1308	Regierungszeit Albrecht I. (Habsburger).
1308–1313	Regierungszeit Heinrich VII. (Luxemburger, Kaiserkrönung: 1312).
1314	Doppelwahl: bis 1330 zwei Könige: der Habsburger Friedrich der Schöne (+1330) und der Wittelsbacher Ludwig der Bayer (König: 1314–1347, Kaiserkrönung 1328).
1336–1350	Auseinandersetzungen um das „Fürstentum Landsberg".
1346–1378	Regierungszeit Karl IV. (Luxemburger, Kaiserkrönung 1355).
1347	Friedrich der Strenge, Markgraf von Meißen, erwirbt das „Fürstentum Landsberg" zurück.
1348	Kaiser Karl IV. belehnt den „falschen Woldemar" mit dem „Fürstentum Landsberg".
1349/50	Lehnbuch Friedrich des Strengen: das Gebiet um Landsberg gehört nun zum „Destrict Delitzsch".
1354	Erwähnung Albrechts, Schenk von Landsberg, als Herr der „Herrschaft Landsberg". Ab dieser Zeit sind die Schenken von Landsberg wieder in Landsberg nachgewiesen (bis 1515).
1368	Kaiser Karl IV. bestimmt durch Reichsgesetz den Anschluss der Lausitz an das Königreich Böhmen.
1378–1400	Regierungszeit Wenzel IV. (Luxemburger).
1400–1410	Regierungszeit Ruprechts von der Pfalz (Wittelsbacher).

1410	Doppelwahl der beiden Luxemburger Jobst von Mähren (König 1410–1411) und Siegmund (König 1410–1437, Kaiserkrönung 1433).
1425	Erhebung der Markgrafen von Meißen in den Kurfürstenstand.
1438–1439	Regierungszeit Albrecht II. (Habsburger).
1440–1493	Regierungszeit Friedrich III. (Habsburger, Kaiserkrönung 1452).
1493–1519	Regierungszeit Maximilian I. Habsburger, Kaisererhebung 1508).
1507	Beginn des Rechtsstreits des Schenken Otto wider die sächsischen Herzöge (Fehde des Schenken).
1514	Zerstörung der Reichsburg Landsberg.
1574	Neubau der Landsberger Stadtkirche „St. Nicolai".
1579	Landsberg erhält durch den Kurfürsten von Sachsen das Stadtrecht, aber ohne das Recht zur Befestigung mit Mauern und Türmen (offenes Landstädtchen).